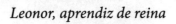

Leonor, aprendiz de reina

IGNACIO MONAR

LEONOR, APRENDIZ DE REINA

SEKOTIA

© Ignacio Monar, 2023
© Editorial Almuzara, s. l., 2023

Primera edición: septiembre de 2023

Editorial Sekotia • Colección Reflejos de la actualidad
Editor: Humberto Pérez-Tomé Román

www.editorialalmuzara.com
pedidos@almuzaralibros.com - info@almuzaralibros.com

Editorial Almuzara
Parque Logístico de Córdoba. Ctra. Palma del Río, km 4
C/8, Nave L2, nº 3. 14005 - Córdoba

Imprime: Gráficas La Paz
ISBN: 978-84-18414-54-1
Depósito: CO-1317-2023
Hecho e impreso en España - *Made and printed in Spain*

Dedicado a todos los que siguen fielmente la tradición de no apegarse a nada que no lo merezca, como el padre Juan de Mariana

«No amonestes al joven con dureza,
muéstrale su camino con franqueza».

Cuento XXI de *El conde Lucanor*

«Tú lo dices: Yo soy rey. Yo para esto
nací y para esto vine al mundo».

Juan 18, 33-37

«Algunas personas pasan por nuestra
vida para enseñarnos a no ser como
ellas».

León Tolstoi, Óscar Wilde,
o cualquier otro que haya escrito tanto
que sea imposible comprobar una cita
suya buscándola en Google

Índice

PREFACIO DIRIGIDO A LEONOR, PRINCESA DE ASTURIAS Y DE GERONA, O DE ASTURIES Y DE GIRONA

El mismo día que inicio este texto, Leonor o Su Alteza de Asturias o Asturies, de Gerona o Girona,[1] —«entre el clavel y la rosa, Su Majestad escoja»— me llegan noticias de que cierto canal de televisión ha tenido que amonestar a un humorista por insinuar que le gustaría que la madre de vos (o su madre, escoja) le hiciese una felación. Y su compañero cómico contestaba: «¡Si me hubieras dicho "la hija", todavía!».

«La hija» es Leonor de Todos los Santos de Borbón Ortiz. Leonor de Borbón que es menor de edad en este instante. Creo que quince años cumplidos. Me imagino esa frase misma puesta en boca de otro. No, no me la imagino en ninguna boca. En todo caso, yo no dejaría salir tal burrada de mi boca, se lo

---

1   La princesa de Asturias y de Girona, Leonor de Borbón y Ortiz, cumplirá el 31 de octubre del A. D. 2023 dieciocho años y en esa fecha acatará la Constitución y prestará fidelidad al rey, todo ello si ella, él, los españoles y Dios quieren. Y lo hará muy a pesar de los que no quieren.

aseguro. Bien es verdad que el lenguaje se enreda y uno parece decir lo que no quiere.

Por otro lado, en febrero de 2021 despidieron a los rotulistas de una noticia sobre vos y su nuevo colegio en Gran Bretaña: «Leonor se va de España, como su abuelo». Mofa, pero algo más suave que la dicha anteriormente. Cierto que era en Televisión Española esta vez. En todas partes cuecen habas. Se me antoja excesivo castigo a frase de tan escaso talento. A aquellos bufones separatistas les subieron el sueldo; muy cruel, porque van a pagar más a la Hacienda española.

Y el día que termino este escrito, un suceso me ha hartado del todo. Acabo de leer un artículo de prensa italiana que titula: «Letizia de España está desconsolada: su hija está embarazada a los dieciseis años. Escándalo sin precedentes en la familia real ibérica. La reina se sorprende».

Con todo lujo de detalles (inventados y equivocados porque llega a decir que Leonor se ha quedado preñada de «un chico alto, esbelto y muy guapo» que conoció en la Universidad de Gales donde estudia) el embarazo anunciado a toda plana es juzgado de esta «amable» manera:

> Esta indiscreción de la familia real aún no ha sido confirmada, pero la joven princesa ha sido muchas veces protagonista de cotilleos y habladurías por su comportamiento libertino y rebelde. Igual en todos los aspectos, no sólo físicamente, a la madre Letizia, Leonor ha sido en varias ocasiones criticada y juzgada severamente por los súbditos españoles por ser un poco mayor para su edad.

Leonor: esto ya pasa de castaño a oscuro. Vos no os merecéis tanta inquina.

Y permitidme hablaros de «vos», no de «tú», ni de «usted». Ni Leo, ni Su Alteza. Ni señorita Borbón Ortiz, ni princesa de Asturias. Me quedo con Leonor y me quedo con «vos». Y me quedo con vos, esto es, que nos quedamos juntos. Como otro Íñigo Montoya, me dirigiré así como «tratamiento de cortesía», en plural de segunda a la izquierda según se saluda. Es por la película, no os equivoquéis. Yo no soy servil, sólo cinéfilo. De «vos» aunque algún «usted» se me escape. Yo también escojo. Insisto, aunque sea harto distanciador. Pero no emplearé «Su Alteza», que distancia y eleva al mismo tiempo. Mejor, Leonor. «Leonor» y de «vos», insisto. Y, por tanto, con respeto a su persona. Respeto. Algo casi novedoso en estos tiempos. Y con humor respetuoso. Algo casi inexistente en estos tiempos.

Ocurrencias como las de esos «humoristas» en TV3 no me hacen gracia. Un país se destruye si ya no se ríe de las gracias de sus paisanos. Y por ahí —por robarnos la risa— sí que no paso. El rebrote de tristes chistes sobre vos ha acelerado la publicación de este libro. Acelerado, que no provocado. Porque era inevitable que yo lo escribiese.

Veréis, Leonor: soy profesor de Filosofía de un Instituto de Enseñanza Secundaria llamado Padre Juan de Mariana en Talavera de la Reina. Vos sois princesa y también estudiante vestida a lo «príncipe de Gales», —si no mucho me equivoco, es así— desde hace dos meses. Doy clases a muchos alumnos de su misma edad. Yo podría ser uno de sus maestros. Si no lo soy, es porque la vida nos pone los discípulos que merecemos y los maestros que necesitamos. En mi caso, tengo magníficos alumnos y vos estáis bien surtida de docentes. No sé qué puede querer la vida con eso.

Vos me necesitáis tanto como yo la merezco. Es decir, posiblemente nada. Pero es que no os hablo como enseñante. Si estoy obligado a redactar este opúsculo es por circunstancia tan peregrina como ser de El Mariana, el Mariana de Talavera. Un tercio de mis años viviendo frente al instituto, otro tercio dando clase en él. Centro público que lleva el nombre de nuestro «Maquiavelo español», gran jesuita y primer historiador de España, AMDG; todo lo contrario a un escolástico, que es de escuela y OP.

Podéis desconocer —como el 99 % de los españoles— quién era tal autor. O quizás lo conozcáis, ya que escribió una obra, *Del Rey y de la institución real*, para uso y disfrute de un familiar suyo, Felipe III, a petición de un arzobispo también de Talavera que era tutor del príncipe.

(Es curioso, porque al IES Mariana acudió hace no mucho otro arzobispo toledano que dejó caer en el bar —un poco por decir— que harían falta más Marianas en España).

Un breve repaso. Juan de Mariana, para entendernos, fue en el siglo XVII, un antecedente del Antonio Escohotado de nuestros días. Filósofos que no se mordían la lengua, por lo que pudiera pasar. Influyó Mariana en Cromwell, el que mandó juzgar e hizo decapitar a Carlos I de Inglaterra. Y eso que los británicos tenían las obras sobre reyes de Shakespeare por entonces, como la otra fuente donde reflejarse. Mariana inspiró el asesinato —que no al asesino— de Enrique IV de Francia (el jesuita había criticado al capeto Enrique III por obligar a usar tenedor y algunos asuntos menos graves). Un asunto feo ese. Muy injusta acusación a quien más ganas se le tenía, el jesuita y español Mariana. Tan injusta como decir que fueron sus ideales de resistencia los que inspiraron el asalto trumpista al Capitolio de Washington en 2021. No todo el que ataca al poderoso lleva la razón, como no todo el que esté en el poder tiene la razón al controlar las leyes.

También fue ideólogo para Althusio, Hobbes, Rousseau y Locke, guía lejano de Robespierre y despertó el ansia de libertad en los padres constituyentes americanos, mediante John Adams, allá por el siglo XVIII. Con lo dicho antes sobre Maquiavelo seguro que ya entendéis de qué os voy a hablar y un poco cómo os voy a hablar, por imitar al jesuita. Yo no seré Mariana viejo, sino Mariana nuevo. Algunos habrá que entiendan esta broma local, tú verás.

No pretendo derrocaros. Ni ensalzaros. Ni elogiaros. Ni insultaros. No os adoctrinaré, no os dirigiré, no os aconsejaré salvo en lo que vea yo necesario. No juzgaré lo que sus antepasados han hecho. No quemaré retratos de sus padres. Yo no «quemaré tus fotos para no verte más». No descolgaré sus cuadros. No pagaré sus facturas. No ambicionaré sus títulos, ni sus dimes, ni sus diretes. No veré en vos algo distinto que una mujer. No veré en vos una mujer, ni siquiera. Veré un ser humano que resulta ser heredera de un reino, de este reino que es república de ingenios e ingenio aterrador. Seré benevolente, esto es, querré el bien para vos.

Déjenme sus padres que le ofrezca este «espejo de princesas» redactadas con afán poco descriptible. He cometido la osadía de escribirlo para leerse. Sé de sobra que se divulgaría más en forma de monólogo en serie. Pero intuyo que algo dedicado a la princesa Leonor no tiene fácil salida en los medios serios del humor. Permítame su hermana que la elija a vos y no a ella, aunque a ella me dirigiré si lo viese conveniente. Concédame el detalle de su lectura. Aplíqueme el beneficio de la duda, Leonor. Que por mi honor, Leonor, será amena. Que de su honor no saldrá dañada. Que en su honor ha sido impresa.

Con la debida licencia, *non petita*, procedamos.

LICENCIA DE IMPRESIÓN. UNA
IMPRESIÓN CON ALGUNAS LICENCIAS

Doña Leonor.
Yo soy mucho de Mariana
pero de Juan de Mariana no era
nada. Ni hijo de barragana,
ni jesuita soy. Sí de Talavera.
Sí soy profesor
y sí del Mariana
y la quiero
como alumna,
por si fuera la columna
vertebral de Estado entero.
Y la querría
aunque en mal estado mañana,
—columna de Hércules rota
sin ser predicción funesta—
caiga en manos de un idiota
como ya cayó la otra.

Si os caducó Mariana,
tome en sus manos esta
Monar-guía.

En columnas ya se ha escrito de España
(que de Gibraltar o Rota no tratamos).

No me acuséis de patriarcal,
por ser varón
hablándole a una dama.
No me tratéis tan mal.
Fuera de cama,
para darle consejos
considéreme fluido,
considéreme capón,
omita el sexo.
Que por ahí no ha ido
mi intención. Ya soy viejo.
Y, sin embargo, por viejo,
no genuflexo,
no me arrodillo
ante lo que su familia hizo
o dejara de hacer.
Tampoco me escandalizo:
sé muy bien qué es el poder.
No la vendo en mercadillo
ni la entronizo.

Considéreme adecuado
pues no soy un paniaguado.
Yo no me vendo.
Acaso sí funcionario
de oposición
y docente.
Es decir, que soy decente
y de media posición,
tirando a baja.
Lo de reina no merece usted serlo
por ser mujer
ni por ser tan maja.
Ya no cuela.
Ni la llamo mujerzuela,
—no quiero que le duela—
tan sólo por nacer
cerca de trono
y pretenderlo.
No busco que no llegue coronarse
su cabeza,
pues ya lo buscan otros
con encono.
No sueño con quitarle la corona
de sus dientes.
No deseo que la traten
como a una reina
para que luego la maten
como hicieron los franceses
con aquella

al llegar de Marsella
cantando. No sea su destino
el de ella.
Sangre tanta
jamás se derramase...
¡Ojalá el galo callase,
cuando el galo canta!

De franco y de marsellesa
pido que no llegue a ser
Leonor primera.
Y no me inquieta.
Sería falso
si digo otro parecer.
No intrigo para que suba
hasta el cadalso
como sí otros Borbones
o la tal María Antonieta.
No seas tú como en Cuba
los presidentes,
esos jefes tan torpones
y declinantes.

Tú no te calles.
Tú no hagas callar.

Yo soy mucho de Mariana:
Si es buena, ha de reinar
y si es mala, diré tirana.

De hijo de barragana
y de buena gana,
tome en cuenta lo que quiera.
Por tales obvias razones
de mí no espere el insulto.
Nunca diré hija de puta,
nunca nieta de ramera.
Y aun así ninguna ruta
(ya la del Bacalao, ya de la Seda)
me llevará hasta el indulto
pues mal eco siempre queda
al leer entre renglones.
Si vos me indultáis me vale.
Si voz vos me dais, la emito:
No necesito ser culto
porque el culto
ya sé yo por dónde sale.
Sale de las catedrales
aguas arriba del Tajo,
de los amigos del rito
visigodo. Por fortuna
vivo y soy de Talavera,
sangre y barro, más abajo.
Mi capital no da una.
«Jesuitas» no me espera.
Poco sirvo, poco valgo,
todo lo que tengo es hoy.
Para marchar donde voy,
¿cómo iré a callarme algo?

LIBRO I

DE LA NATURALEZA DE ESTA COSA LLAMADA MONARQUÍA

DEL SER HUMANO COMO ANIMAL INSACIABLE

Contáis, Leonor, con un principio a vuestro favor, que es que «el ser humano, por su naturaleza es animal sociable». Es algo obvio y sabido. Jamás osaría yo empezar un libro dirigido a vos de modo tan evidente.

Lejanamente, sobre esta definición aristotélica se construye la monarquía y cualquier otro modo de poder que en la Tierra es o ha sido. Esto de vivir juntos precisa de mucha creatividad y los reyes son una respuesta como hay otras.

Pero, no insisto en tal máxima sino en otro principio básico también, que apenas se tiene en consideración: «el ser humano es un animal insaciable». Más agustiniano, si se me apura.

Leonor, nunca nos daremos con satisfechos. Ni vos consigo misma, ni los españoles con vos. Ya podéis encabezar un nuevo siglo de oro de nuestra historia (quién sabe si se descubre que hay un elemento en las aceitunas que nos relanza, algo similar al petróleo para los árabes o los noruegos). Ya lograrais la paz social a base de bellísimos gestos humanitarios. Ya apaciguarais a todos los independentismos, convencierais a los carlistas, fuerais amablemente consentida por los republicanos. Ni aunque hablarais vos como los ángeles y con los ángeles. O triunfarais en Los Ángeles su figura hollywoodiense convirtiéndoos en un icono mundial, un unicornio real. Nada sería suficiente.

Seguiremos exigiéndoos. No podremos conformarnos. No se crea que si cría fama, puede irse a dormir. Algún fallo veremos, uno no sé qué incomodante, un «sí pero no». Somos insaciables. Comemos y digerimos. Sosegamos el ansia durante un corto tiempo. Pero regresa el apetito. Bebemos sangre de río, lavamos en ella nuestras ropas... Ni el mayor horror agota nuestra capacidad de hacer daño. Cuando pasan unos pocos años, el deseo de venganza reverdece o enrojece de nuevo los ánimos. Para un zombi todos los días son Halloween.

No nos cansamos de buscar descanso a nuestras exigencias. No deseamos lo indeseable, porque todo es deseable. Y todos somos *orexis*, como también apreció El Filósofo. Una inteligencia deseante, un deseo inteligente.

¿En qué os afecta, Leonor? Del mismo modo que a los demás. Habrá algo de implacable en vuestro destino. ¿Habéis leído *Edipo, rey*? Pues está por escribirse *Leonor, reina*. En cierto modo, para que vos seáis reina, tendrá que morir vuestro padre y casar bien con vuestra madre. Porque vuestra madre Letizia, como reina emérita, os dará quebraderos, tal como Sofía-suegra se los da a Letizia. Por eso, mejor será que case con ella, que se adapte a ella, antes de provocar un divorcio familiar.

No anticipo el fallecimiento de don Felipe, ni la supervivencia de doña Letizia (no hace falta ir tan lejos, ¿no ha habido algo parecido a un asesinato civil entre su padre y su abuelo?) Ya le digo, que está por escribirse *Leonor, reina*.

Condición inevitable nacida de nuestra naturaleza. El ser humano es, por ella, ese animal insaciable. Convertidla en una ventaja y en un don.

DE NO JURAR LA CONSTITUCIÓN A FUTURO

Si hay algún aspecto de la Constitución del 78 que considero urgente reformar es lo que tiene que ver con su juramento. Urgencia relativa si se refiere a cuando sea reina, quizás dentro de mucho tiempo. Pero mucho más perentoria, porque se acerca su mayoría de edad. Como princesa heredera también deberá jurar. Falta poco tiempo respecto al momento en que escribo.

Y no es asunto menor, pues sin juramento podrían apartarle, Leonor, de la jefatura de Estado (vos seréis reina en cuanto muera su padre, porque la propia Constitución aplica el principio de «continuidad monárquica» automáticamente). Sin juramento o promesa tampoco se acepta ningún cargo representativo u oficio público como el de ministro. Pero en estos casos, no es por obligación directa constitucional, sino por leyes orgánicas, reglamentos y estatutos básicos. En el suyo, la ley máxima la ordena.

Al menos a vos, para proclamarla reina, sólo le pedirán jurar «desempeñar fielmente sus funciones, guardar y hacer guardar la Constitución y las leyes y hacer respetar los derechos de los ciudadanos y de las comunidades autónomas». Es mucho peor, de hecho, lo que presidente, ministros y algunos otros juran o prometen (el error es el mismo) por «su conciencia y honor» (increíble presunción ambos conceptos) «cumplir y ¡hacer cumplir! La Constitución y las leyes». ¿Se puede resumir en menos palabras tantos imposibles?

No os equivoquéis. Mis razones no son irónicas sino muy basadas en la observación de la vida misma. ¿Vos tenéis buen trato con niños y niñas? De ser así —y lo deseo mucho— podrá experimentar que a los más pequeños es mejor no prometerles nada que no puedan cumplir. Lo mismo vale con los juramentos «a futuro».

Jurar «a pasado» sin embargo es aceptable (ojo, que «a pasado» no significa «a toro pasado»). Jurar de ese modo es decir: «te juro que yo no he sido». Sobre lo ocurrido puedo estar más o menos seguro, pero ¿quién sabe a ciencia cierta qué nos traerá el porvenir? ¿Alguien en su sano juicio puede garantizar la más mínima noticia del mañana, salvo que no hay que menospreciar la inflación?

Si vos, Leonor, juráis en vuestra coronación, que sea para asegurar que sois hija de Felipe, su heredera legal, y que cumplís las condiciones exigidas. Más, no. Eso es lo que habría que reformar. O eso o no pedir «prestar juramento». Yo prefiero esto segundo. Es política, Leonor. Aquí se pacta. Es un pacto social. La Constitución implica cierto contrato, muy importante. Pacto con muchas cláusulas de dudoso asentimiento. Pero que, o lo tomas o no eres reina, o diputado, senador, juez, ministro, alto cargo y otras vanaglorias. Nadie obliga a ser parte. De ahí que tenga más ver con asuntos comerciales que con «poner a Dios por testigo». Tanto es así que cuando algún lumbreras inventó lo de «prometer por imperativo legal» olvidó lo más básico: ¡claro que es por imperativo legal, estúpido! En el mundo jurídico todo lo es. Los imperativos categóricos e hipotéticos son de la ética y del señor Kant, q. e. p. d.

Pero no dejéis que yo desbarre: ni prometáis, ni juréis a futuro. Pensad que vuestro abuelo cometió perjurio al juramentar los Principios del Movimiento de Franco. Solo acatad, acaso un gesto votivo. Firmad a pie de Constitución, que el pueblo ya lo hace en su coronación, con sus representantes presentes. Luego de ello, las Cortes lo proclaman públicamente. Asumid las penas del incumplimiento, el finiquito tras vuestro despido si no cumplís. Engañaréis a vuestro pueblo entero si falláis. Bastante es eso, me parece.

DEL REGICIDIO

No voy a decir sobre el sentido común que es el menos común de los sentidos, pero sí que es el más peligroso. Porque «común» puede significar «de todos», pero también «normal». Algo que es norma para una mayoría. Y la mayoría, de suyo, puede tener razón o no. Puede querer el bien o el mal. Puede mayoritariamente equivocarse.

Si su padre, Leonor, se suicidase, ¿cometería regicidio? Seguro que es una pregunta no adecuada porque ¿cómo se siente una hija buena, como vos, al escucharla? Mal, evidentemente. Sin embargo, vos bien sabéis que hay algunos que se alegrarían bastante. Y esos que se alegrarían, se alegrarían más todavía si el suicidio fuese contagioso y extensivo a toda su familia, vos incluida.

Como difícil es que tal locura autolítica suceda, ya hubo adversarios que la reconvirtieron en monarquicidio, pues no se trataba de matar a un rey, sino a la monarquía misma. Eso pasó en la Rusia de los zares. Otros más bondadosos optaron por el ostracismo, invento griego. Ya se lo habrá contado su abuela Sofía de Grecia, pues en Grecia sucedió con los suyos no hace mucho.

De todos modos, permitidme Leonor que insista en el inapropiado tema suicidio de los reyes. Le diré que es la causa más frecuente de desaparición de monarcas. Son ellos mismos los que se suicidan cuando matan y rematan los fundamentos de la institución, una institución personal, no lo olvide. La presidencia de una República, la jefatura electa de un Estado, o ser primer ministro de un Gobierno también es personal, pero si Macron la caga, si el papa apostata o Mario Dragui reconociese ser mafioso, en ningún caso dudaría el pueblo del cargo, sino de su ocupante. Llegaría otro en su lugar y santas pascuas.

Sin embargo, si los reyes fallan, llega Santa Claus. Vos estudiasteis Leonor que cuando vuestro bisabuelo Alfonso se sintió responsable del hundimiento de la España de los años veinte no se nombró a otro rey, sino que se proclamó la República. Que cuando Vittorio Emmanuel de Saboya apoyó a Mussolini cavó la tumba de V. E. R. D. I. y, al cabo, la de sus verdianos. Que cuando el Sha de Persia se autocoronó emperador entre ríos de oro y mantos de armiño, se coronaba con espinas para dejar camino abierto a clérigos musulmanes y teocracias implacables.

(Si queréis dejar vuestro puesto simplemente atravesad transversalmente una rotonda con vuestra moto. Os van a grabar, ya veréis. Una torpeza así de simple y se acabó lo que se daba).

Recordad, Leonor, que de ser la República china, es China y Popular. Si la República china pisotea los derechos humanos, nadie considera que la culpa sea del «régimen republicano», ni pide acabar con todas las repúblicas que en el mundo han sido. Portarse así con sus ciudadanos es actitud cochina e impopular, pero jamás clamarán por la vuelta de un emperador. Sin embargo, los reyes no cuentan con esa ventaja. Créame. Y hay argumentos sólidos que lo explican.

DE SUS NOVIOS, SI LOS HAY

Si se casa o arrejunta, si adopta o subroga, si queda célibe y virgen, se dedica al monacato u opta por una de las posibilidades LGTBI+, a España le da igual en un sentido legal.[2]

La soltería civil es una tragicomedia útil para alguien que quiere ser monarca. Te deja más tiempo para reinar, las manos más libres. Cuidar a los hijos, colocarlos, ayudarlos… ¿quién no estaría tentado por su sangre? Y educar a un heredero, por si fuera poco. Platón y los papas de Roma tienen razones poderosas para proponer el «modelo solitario» para los servidores máximos. No hablo de celibato. No va por ahí la cosa. Me refiero a no tener hijos y estar bastante despegado de la familia de sangre.

Cierto es que un monarca sin hijos seguiría teniendo familia cercana y tentaciones colaterales. Una buena reina modo-*single* ya no será mala madre, ¿pero y una mala sobrina, una mala hija, una mala tía a los ojos de tíos, padres y sobrinos? Sólo si los arrincona. Platón dejó su Academia a su sobrino Espeusipo,

2   Véase «Hay censura».

en vez de a Aristóteles. Debido a ello la primera universidad de la historia sólo duró mil años más. Por culpa de tal nepotismo tuvimos una academia y un liceo al precio de uno.

Y, bien. Pongamos que se casa. Novio, ¿cómo? ¿Para quién? Cómo os lo echéis tendrá relevancia pues será para España también. Condiciones yo no pongo aún. Aunque no sea de mi incumbencia poner «líneas rojas» a los candidatos, no lo haré ahora, sino «líneas» abajo

¿Y si tras la boda quedáis encinta? Deberíais parir a su heredero en Barcelona. Hacedme caso. Cortad el cordón allí, inaugurad con un tijeretazo a la cinta el futuro. Traslade la corte como hacía aquella Isabel, La Católica. Diga como C. Tangana: «mi vida es el viaje». Que sea corte viajera. Y tenga corte. No se corte. No opinarán así el periodista leguleyo y el periodista regalista. El periodista traicionado y el periodista rencoroso sólo le dorarán la píldora si es anticonceptiva.

Aun así, no temáis a los que pueden matar el cuerpo, sino los que pueden matar el alma.

Casad con los hijos de un comunista o católico, alguno hay todavía he oído decir. Casad con hijo de Iglesias o con hijo de la Iglesia (los españoles maridan bien, son de buena cepa. Las españolas empastan de maravilla, son armoniosas). Fundad una dinastía indestructible.

O como Balduino de Bélgica no tengáis hijos. Vos no vais a heredar para ser madre, sino para ser reina. Alfonso X en sus partidas no pensó en bebés probeta. Vengo a darle ideas. En caso de esterilidades se inventó lo de las líneas sucesorias. Como posibilidad, podéis dejar a su hermana la vía libre para una sucesión ordenada, en su persona misma o sus vástagos. Un buen premio para ella, que me cae muy bien. Además de una hermana, tenéis primos. Relájese en los asuntos procreadores. El estrés es malísimo al respecto.

Podéis renunciar, incluso. Su abuelo lo ha hecho.

Podéis ser infiel. Su abuelo.

Podéis disparar a su hermana accidentalmente. Su.

Podéis árboles o no, fruto tendrán.

Fíjese qué margen amplio tiene.

¿Que se casa? Estas son mis sapienciales advertencias:

No os caséis para enterraros en vida.

No os caséis con enterradores de ilusiones.

No os caséis con muertos y enterrados hijos de Eva.

No os caséis con quien va a morir embarcando un martes.

Casaos sólo con quien va a morir porque «el amor tiene una barca que me lleva hasta el dolor» (he dado en la diana).

No os caséis con quien otros ya se enterraron previamente.

No os caséis donde un entierro se celebra más que una boda.

No os caséis con un Yoko Ono que termine enterrando vuestro trono, vuestro cuerpo y hasta vuestra fama.

No os caséis con el que escribe prohibiciones sobre casarse y entierros.

Notaréis, Leonor, que he sido más errático que un robot aspirador.

Ya mostró vuestro padre el camino: si un día formáis pareja, sea con la persona que vos améis. Es fundamental que la améis y que ella os ame. Por los precedentes estamos seguros de que no «la casarán» con un príncipe. Si acaso os casaréis vos con él y viceversa. Pero yo le aconsejo que no busquéis en la televisión a vuestro amado. La televisión ha cambiado mucho desde los tiempos del Telediario de La Primera. Quizás tampoco sería muy oportuno usar las redes de Internet. Ni las aplicaciones para parejas.

Entonces, me diréis, ¿dónde liga una princesa? Los reyes visigodos inventaron los «gardingos» (pandillas de jóvenes nobles que se criaban en palacio junto al heredero). Actualmente es diferente, aunque no le aconsejo ligar en botellones. En fiestas populares lo veo superficial. Entre guardaespaldas, ya ha salido mal varias veces. Conciertos rock, mucho ruido. Conciertos pop, demasiado «pachuli». Conciertos clásicos, atención selectiva. El colegio y la universidad han sido buenos caladeros. También otras bodas reales. Cócteles con amigos. Olimpiadas. Puestas de largo. Debates electorales, entre el público. Tertulias literarias. Campañas de voluntariado en Biafra, demasiado azúcar en bocas sin agua. Sed vos delicada en la caridad.

Yo me disfrazaría, fijaos. Eso funciona en las películas. Podría ser de gran ayuda a la verdad el que se enamoren de vos por quién es y no por qué va a ser. Y para asegurarse de que es así sería bueno ocultar «quién es» para destacar «cómo es», paradójicamente.

Quizás me iría al Camino de Santiago. Ahí es fácil pasar desapercibido. Caminando se cambia porque se sufre. Nadie mejor que un peregrino con fascitis plantar. Está indefenso. Se le ve venir.

Y, desde luego, si nace la chispa necesaria, lo ideal es probar el fuego durante un tiempo, sometiéndole a las inclemencias que se suponen arreciarán pronto: la prensa, los envidiosos, el cotilleo, los dimes y los diretes. Avise a esa persona de que no será rey, sino consorte (ya que le tocará una «suerte» similar), por mucho que así le llamen, como le dicen «reina» a su madre. La Constitución sólo habla de una cabeza coronada. El cónyuge puede llevar título, pero no ejercerá función.

Por lo tanto, que la compañía para su vida sea la de alguien humilde, bondadoso y sin vanidad. Y, como es posible que ese ser de luz pertenezca a los cielos, que al menos sea quien le ame como es posible amar aquí en la Tierra. Es decir, con defectuosa humanidad.

DE LA NUEVA MONARQUÍA QUE HA LLEGADO EN BARCO

Entended este texto como una parábola:

Cuando el barco que trajo a Carlos I a España atracó en el puerto de Laredo, llegaba al primer Estado moderno nacido con los Reyes Católicos, según explicó Maquiavelo. Ese país, en los mismos muelles de la antiquísima Cádiz se incorporó luego y pronto (1812) a los primeros intentos constitucionales. Sin embargo, la monarquía española sufrió el paréntesis franquista, justo detrás de las guerras mundiales, y ello implicó que no pudiera adaptarse en su tiempo, como tuvieron que hacer (para no desaparecer) otras monarquías europeas.

Por eso, cuando se dice que Juan Carlos I fue rey de la transición democrática, se olvida que también lo fue de la «transición monárquica española», un proceso que habían completado décadas antes muchos reinos europeos. Empezó reinando al modo franquista, como timonel, y cedió su poder a un Gobierno democrático. Quedó como armador de los contramaestres.

Juan Carlos I hizo otra transición más difícil: la de padre a hijo. Abdicó. El primer rey constitucional de 1978 pleno es Felipe VI, que bien conocéis. Él tiene muy perfectamente asumido su oficio en esta nave, el de ser cartógrafo. Fiel a la realidad y, por tanto, integro y transparente. Pero también ejercería un papel si fuese preciso: el de capitán que se hunde el último con su barco. No lo creo necesario, pero él lo haría. Creedme. Lo haría.

Vuestro abuelo no entendió bien esta última dimensión. Se comportó en su vida privada como un rey a la antigua usanza, al que no se le pedían cuentas de puertas para adentro.

La nueva monarquía, Leonor, está videovigilada día y noche. Han llegado los tiempos del Gran Hermano y este es 1984 veces más implacable que la guillotina. Estoy seguro de que vos sabréis moveros muy bien en el mundo atroz de las redes sociales. Si no, pereceréis. Soy suave si digo que las redes son trituradoras de dignidades. Respecto a bordar vuestra función institucional, eso estará chupado, pues bastará con fijarse en vuestro padre.

No soy profeta. No lo soy tipo «bíblico», que son los respetables porque anuncian jugándose su prestigio o su vida en ello. Ni soy profeta de calamidades, a los que prefiero llamar postfetas, ya que avisan lo que va a pasar en el futuro fijándose solo en el pasado, como si la especie humana no tuviera capacidad de arrepentimiento y rectificación. Pero tampoco me gusta ser «mofeta», neologismo apestoso porque consiste en ser de esos que disfrutan imaginando un futuro desastroso, para lograr derribar el presente en el que no están a gusto.

Sin ser ninguna de estas cosas, puedo adelantar por dónde van a ir los tiros del siglo XXI respecto a la monarquía española: va a ser estable, mucho. Va a ser útil, mucho. Va a ser una bendición. Caerán a vuestro lado mil, a vuestra diestra, diez mil. Pero a vos no os afectará el covid.

A España le va a ir bien. Su monarquía con ella, en el mismo paquete. Paquebote para trasladar votos de orilla a orilla. ¿Los méritos? Recaen en la gran mayoría sensata de la ciudadanía. Este es un país, en esta época concreta, muy moderado y muy ponderado. Yo me adhiero a la exclamación admirativa de nuestro Unamuno al conocer León: «¡Qué país, qué paisaje y qué paisanaje!». Eso exclamo, a pesar de los pesares, de toda España.

Leonor, mirlo blanco. Ya sé que suena raro hablar así, pero estoy convencido. El guerracivilismo, que nos llevó a matarnos entre hermanos y nos dejó huella tras la contienda, en mi opinión, está bien enterrado. No lo desenterremos más. La guerra civil española se acabó con Gila.

Apuntalo —del verbo «apuntalar»— estos argumentos: el golpe de Tejero no triunfó. ETA fue vencida. Los populismos se han desinflado. Por mucho que haya fuerzas empeñadas en lo contrario, seguimos unidos. Somos extremadamente tolerantes en lo moral. Los más generosos donando órganos para trasplantes y las vacunas covid fueron inoculadas aquí más que en ningún país del mundo, quizás porque nuestro sistema sanitario es el más protector y eficaz del mundo, ante propios y extraños y a propios y extraños. Proverbialmente receptivos ante el desconocido. Cambian los Gobiernos de color (un bipartidismo en la práctica) muy pacíficamente, salvo algunas guerrillas urbanas y huelgas de poca monta. Incluso los que se quejan de que «somos muy conformistas y que no reaccionamos», se conforman con quejarse sin ser reaccionarios. Hasta los del 15-M que presentaban mala cara por no sentirse representados, no representan peligro una vez alcanzaron representación en el mismo Congreso que querían rodear y prensar.

¿Cómo puedo ser tan optimista? Por mi esperanza en algo que no puede morir, un tipo de fe muy especial y recomendable. Una fe que va de caminar por encima de las aguas. Esa que se mantuvo incluso mientras este país permaneció varado en algunos bancos de arena de la historia. Los que confiaban en las buenas mareas no abandonaron el barco. Y en estas décadas, tras desencallar momentos de libre navegación, hemos de esforzarnos en mantener un buen rumbo en nuestra singladura.

Nosotros, los españoles, somos de mucho navegar, muy lejos, más allá. Hasta que nos toque cruzar la Estigia como en ese cuadro de Patinir que cuelga en El Prado.

DEL TIRANICIDIO

Defenestrar es expulsar del cargo. Derrocar, hacer caer un régimen. Destronar, bajar del trono. El que desee hacerlo que lo intente. Pero que se lo curre. No se lo pongáis fácil, Leonor. Que se lo curre, insisto. Y si alguien os apartase para ocupar vuestra función, que le quede bien claro que quien a hierro mata, a hierro muere. Arrieros somos y en el camino nos encontraremos. En el poder el éxito es fracaso, porque el único éxito es la salida honrosa.

Contad con que vos podríais hacerlo mal. Es más, lo haréis mal en algún momento. Esto no es convertirse en tirana. Convertirse en tirana es casi tan difícil como convertirse en Tirana, capital que fue del único Estado ateo de la historia en los tiempos felices de Enver Hoxa, otro tirano, por cierto. Tirano de los de pata negra y negra memoria, incluso después de estirar la pata.

¿Cómo seríais tirana vos, Leonor? Se ha vuelto complicado en un Estado constitucional y de derecho como es este. Los reyes no gobiernan y eso es un truco bueno para salvar los muebles. Ya le habrán hablado del refrendo y de la «monarquía neutra» de Benjamin Constant. Todo lo que haga de modo oficial irá refrendado, respaldado, por al menos un ministro o el presidente. Compañía pesada generalmente, pero que cargará con la responsabilidad de sus actos. Luego se lo contaré.

Bueno sería que los ministros supieran tal detalle y también los ciudadanos. Para eso habría que enseñarles en la escuela tal extremo. Mucho me temo que a esa lección no se llega. «Tiranicidio» es, simplemente, pedirle cuentas al poder. Yo hoy —siguiendo la tradición de Mariana— hablaría de «democraticidio». Me temo que después alguno se agarraría a tal concepto para «rodear el Congreso» o «asaltar el Capitolio». Solo faltaba que dijeran que la culpa es mía. Oh, por fortuna, el democraticidio se produce en las elecciones. En USA, Trump duró sólo cuatro años y no le reeligieron. Se enfadó mucho y pataleó, pero nada hubo que pudiera hacer el muchachote del pelo naranja.

Los presidentes de por vida (Erdoğan, Putin, Mao, Castro, Franco, Kim Jong Un...) son déspotas y no les echas ni con agua caliente. Cuánto menos con votos.

Es tema delicado, sin embargo, Leonor, creed que la democracia os protegerá, porque no conviene al rey aparecer sólo como figura decorativa. Las figuras de porcelana, los jarrones, en España se rompen o se colocan decorando el Consejo de Estado, un órgano que es como el apéndice, que está de adorno, aunque a veces molesta.

Pero, ¿decora una reina? Como un rey: ¡decora, por supuesto! Decora con decoro, a ser posible. Hoy en día está mal visto el barroquismo. Lo cursi y lo *kistch* se lleva mal con las monarquías. No pase como en Mónaco, quiero y no puedo, príncipe sin Estado. No quiera parecerse al «rey-presidente» de Estados Unidos y sus espeluznantes actos protocolarios faltos de gusto.

Rehúya de la caspa británica, sus coronazas, sus fanfarrias, sus carrozas, sus horripilantes vestidos y sus bolsos variados. ¡Allá los *britishs*! ¡Es fácil ser monárquico habiendo ganado la II Guerra Mundial y con los actos de cierre de los Proms en el Albert Hall cantando himnos con gaitas, y faldas y a lo loco! Pero ¡Leonor, escúcheme! Nada de minimalismo. Buen gusto, austeridad. Dar uso al patrimonio para lo suyo. ¿Debo darle algún ejemplo? Felipe II compró el *Jardín de las delicias*. Carlos I eligió Yuste. Sed vos más austria que borbona. Sea más borbón que Ortiz. Respecto al afán de presumir, me refiero. Y trate de perdurar. Mire, en eso sí puede fijarse en su pariente Isabel II —la británica— que sigue a pie juntillas el dicho inglés: «Bueno, ya que te van a colgar por oveja, que lo hagan por cordero».

DE LA VESTIMENTA

Importa, y mucho, cómo va vestida. Eso ya lo sabe, pues lo habrá sufrido a estas alturas si le llegaron las crónicas rosas. Pero esos son asuntos del papel *couché*, que afectan a actrices, políticas y demás famoseo. La vestimenta de la realeza hace historia, Leonor. Pasa a fotos oficiales, a retratos de pintores. Queda en la retina de televidentes si se sale el 23-F con traje de capitán general. La discreta elegancia del Toisón de Oro en la pechera. La banda cruzada sobre sus pechos. Una tiara que pertenecía a Isabel II, con todo su pechamen. Zapatitos de cristal. Diseñadores españoles. «Leonor tendría que ir muy básica, con un pantalón, un cinturón estrecho, un mocasín y una blusa», he leído. ¡Ay, yo no lo sé! ¡Yo soy poco ducho en esto!

Guiños importantes. Tradición. Estar a la moda sin seguirla. ¿Elegancia? Por supuesto. Pues elegancia es adaptarse a cada situación. Me da lástima el mal gusto en el vestir de la realeza inglesa. Comparada con España —y en defecto del saber estar italiano— es incomparable. Recogiendo chapapote, póngase katiuskas. En un concierto de Sabina, chupa de cuero y pantalones rotos. Pintando su casa, mono blanco. Mañana, en la batalla, pensad en ti. En la batalla de cada acto, ropa de batalla. Subid a los palacios. Bajad a las cabañas. En todas ellas dejad de vos memoria. Me muero por veros entrando entre corceles, bajo pétalos blancos, sobre alfombra roja, atravesando arcos triunfales, hacia las escalinatas de la historia. ¿Iréis de plata, iréis de oro? ¿Llevareis sedas, tules, organzas, puñetas?

Desnuda, Leonor, desnuda llegó al mundo, como todos. Con un pan y una herencia real bajo el brazo, pero desnuda. Y desnuda se irá. Como todos, al tálamo nupcial con la muerte, como todos. A la tumba floral, a las urnas de mármol de la cripta de los reyes en El Escorial. Tras el pudridero, bajo las losas de granito. Como todos, como pocos.

La vestimenta debe ser el reflejo de vuestra vida. Porque al morir ninguna prenda nos acompaña más allá de la ceniza misma.

DE LO MALO CONOCIDO A LO PEOR POR CONOCER

Su abuela Sofía, según dicen, es vegetariana. Vale imitarla. Imitarla como persona, no como vegetariana, porque Hitler también era vegetariano y ya veis.

Si vos quisierais ser vegana, vale también. ¿Nudista? Vale, mientras sea donde se puede hacer. ¿Y sadomasoquista? Valdría como opción privada y a baja intensidad, es decir, dando ligeros cachetinas en culete.

Todo eso se acepta, mientras no convirtamos en obligatoria una opción personal. Tampoco convirtamos en acusación a los demás lo que es gusto propio. Quiero decir: yo no soy peor por comerme un chuletón. Como a un partidario del bondage no le gustaría que le acusaran de gilipollas por dejarse atar mientras copula, pues, al revés, tampoco digamos del que practica el misionero que es un muermo sexual.

Algunos alegarán que no son cuestiones comparables porque estos dirán que un «carnívoro» (a mí me gusta más la palabra griega «sarcófago») o un «textil no vegano» destruye el planeta. Ambos demandan productos que implican matar animales, raparlos, tenerlos estabulados. Afecta a otros, a todos, si contamos con el cambio climático.

Eso es cierto, hasta un punto. El punto es el decisivo. Imaginemos que se prohíbe tener perros o gatos como mascotas. Fueron lobos antes que animales domesticados en el Neolítico.

Los regresamos a su estado salvaje. Costará acostumbrarles a ese «estado de naturaleza», sin duda alguna. Dudo que les hiciese mucha gracia tener que volver a cazar diariamente y todas las acciones lobunas que conocemos. Seguro que, para evitar su proliferación, si los soltamos, habría que castrarlos o esterilizarlos. Tampoco les apetecerá la idea, *a priori*. Hay una película llamada *Isla de perros*, que reflexiona sobre el asunto.

Sin embargo, hay perros que ayudan contra el maltrato, la violación, la soledad, la ceguera, el alzhéimer, la epilepsia, la rehabilitación de presos, la detección de drogas, cánceres, diabetes, la vigilancia de zonas sensibles, el pastoreo, el acompañamiento en bosques peligrosos, el rescate alpino, el arrastre de trineos, la enseñanza de valores, labores policiales, incremento de la inmunidad, a ligar en el parque, a favorecer la actividad física, bajar la ansiedad…

Llevar las actitudes hasta las últimas consecuencias, radicalizarlas desde el principio, nos convierte en «caricaturas morales». El punto, vuelvo a decir, es el decisivo.

¿Qué vegano convencería a una tribu del Amazonas para que no cace? ¿Qué animalista se pintará de rojo, desnudo en medio de Groenlandia ante las tribus que usan pieles? ¿Qué antitaurino abrirá las puertas de las dehesas donde se crían los últimos toros de lidia del planeta para que se extingan definitivamente? ¿Quién tendrá los arrestos suficientes para llamar tiranos a indios y vaqueros por montar caballos? ¿O asesinos a los lapones que comen renos, a los matarifes de la matanza rural, a las cocineras del pavo del Día de Acción de Gracias, a los carniceros del cabrito lechal el día de la Pascua judía o la Fiesta del Sacrificio musulmana?

¿El bienestar animal incluye el bienestar del animal humano? Debería.

Entonces, ¿vos, Leonor, deberíais significaros públicamente en asuntos tan polémicos? Hacedlo, hacedlo, Leonor.

No seáis mediocre, pero eso no significa que no seáis tibia. Sedlo. Yo sé muy bien qué les/nos pasa a los tibios: a los que no son ni fríos ni calientes, se los/nos vomita de la boca. ¿Qué castigo bíblico es este tan extraño? ¿No es la equidistancia —la equidad/distancia— una habilidad del corazón maternal? Para reyes implica el «estar en su lugar». A gentecilla como yo se lo parece. Riesgo e incomprensión. Rechazo y vómito, en efecto. Pero pensad que no es castigo tan grande que te expulsen de la boca de quien te quiere tragar.

Tened vuestra propia opinión. Defendedla y argumentadla. Llevadla a sus consecuencias. Tened ojo entrenado. Pero no la impongáis. Imponer no entra en su trabajo. Imponer ya lo hicieron y lo hacen otros. Los llamamos tiranos. Tiranos, a veces, con buenísimas intenciones. Cualquiera con algo de memoria sabe qué hay detrás de los que construyen utopías. Quien te obliga a ser feliz, te condena a la infelicidad. En *Los Demonios* de Dostoievski, hay un personaje llamado Shigaliov que dice: «Partí de la idea de la libertad absoluta y terminé con la necesidad del terror absoluto».

Se va a hartar, Leonor, de escuchar bellas palabras sobre la libertad, sobre el medio ambiente, sobre la igualdad y otras maravillosas ideas. El papel todo lo aguanta (este libro es un buen ejemplo). Pero cuando uno de esos oradores llega al poder, pueden pasar tres cosas: que hagan lo contrario de lo que decían, que no hagan nada de lo que decían o que hagan lo que decían. La tercera opción es la peor de todas: convertir en realidad un sueño implica utilizar el terror y las fuerzas represivas.

Tenedlo en cuenta: un inútil es mejor que un estafador y un estafador mejor que un iluminado. En España se dice «más vale lo malo conocido que lo bueno que conocer». Hay gente que no entiende este refrán. Significa exactamente lo que he explicado.

DE LAS DISCRIMINATORIAS NORMAS DE SUCESIÓN EN ESPAÑA

Que las actuales normas de sucesión en España —antiquísimas por otro lado— son las que permitieron que su padre Felipe VI fuese rey y, por tanto, que vos, Leonor, seáis la heredera, lo sabéis de sobra. Y sabéis también, como sabemos todos, que son discriminatorias hacia el sexo femenino, pues priorizan al varón frente a la mujer.

Como es difícil cambiarlas, al precisar una reforma constitucional cualificada, le propongo una cosa muy, muy loca. Aprovecharemos que hay ahora un ministerio que llaman de Igualdad. Actuaremos rápido pues dicho Ministerio de Igualdad —que debería ser de equidad— dejará de existir pronto como dejó de existir la Sección Femenina de tiempos de Franco. Y por la misma razón: justifica y ahonda en la diferencia hombre/mujer. Pero, mientras, se dedica a sacar leyes variopintas, sin ton ni son, disparatadas y que dan risa. Desde obligar a los hombres a mear sentados hasta crear paritorios paritarios. Ordeñaron tanto la ubre de legislar que se han quedado sin género. Una de dichas leyes propone el cambio de sexo por libre voluntad a cualquier edad y sin explicar motivo, bastando la manifestación pública de tal deseo. Es como proponer que en el DNI no aparezca la edad biológica sino la «mental», es decir, lo joven o lo viejo que uno se sienta. El ADN y el DNI están reñidos en esto.

Bien. Pues imaginaos que vuestra madre queda embarazada y el vástago engendrado es chico. Antes de nacer el bebé (antes de consolidar sus derechos sucesorios al hacerse sujeto legal de derecho) anunciad que os sentís varón. Eso basta. Y a ver qué perro le ladra entonces. Tirso no, que es un perro poco ladrador que yo conozco.[3]

A su debido tiempo político, proponed a algún Gobierno serio —alguno habrá, digo yo, en España— ese cambio constitucional mostrando la opción de la que disponéis por la norma extravagante. Hacedlo vos y apúntese el tanto. Y, ya puestos, plantéese si no es discriminatorio también que herede el de mayor edad frente a los siguientes. ¿Y si se establece un turno de sexo por generación? Quizás se podría usar la cooptación, los dados, el referéndum (no, referéndum no, que para algunos votar al rey es «botar al rey», sin aceptar otra posibilidad). Quizás se podría elegir rey entrante entre una terna propuesta al rey saliente. O consultar al papa, como pasa con los obispos. O al dalai. O por oposición. O por concurso/oposición, con pruebas retransmitidas en televisión como *Los juegos del hambre*. Sí, ¡pruebas de habilidad! ¡Pasar pelotas por los aros!

«Mejor será dejar la norma como está», pensaron vuestro abuelo y vuestro padre. Tenían razones poderosas, evidentemente, porque esas leyes obsoletas fueron las que les dieron a ellos la corona. Leonor, la oportunidad está en vos, ya digo. Adelantaos a todos, insisto. Anunciad ese propósito loable. Hablad. Blandid la espada reformista contra el título II. Notad que, de ese modo, quien critique su futuro reinado no será antimonárquico (eso sería positivo), sino misógino, homófobo, tránsfobo y arcaico (acusaciones brutales).

Pido el comodín de la llamada: el artículo contra la discriminación de la Constitución de 1978, el 14, dice: «Los españoles son iguales ante la ley, sin que pueda prevalecer discriminación alguna por razón de nacimiento, raza, sexo, religión, opinión

---

3   Véase «Hay censura».

o cualquier otra condición o circunstancia personal o social». ¿Va en contra de la monarquía en sí? No, porque habla desde una ley sobre esa misma ley, que es monárquica. Pero sí choca contra la elección de sucesor por razón de nacimiento y sexo. Eso es impepinable.

Busquemos soluciones creativas, ¿Por qué no una monarquía doble? Ya han existido. Pero una doble hombre/mujer, digo. Tal vez iría en contra del símbolo de unidad. Lo aceptamos. Entonces, ¿qué tal hombre/mujer pero por unos años alternos? No quiero dar ideas. Para los amantes de la igualdad con calzador podría imponerse como obligación de todo cargo público, en general.

¿De dónde sacaríamos el hombre o la mujer para tal alternancia con los requisitos reales? Ah, bueno. Es fácil. El artículo 16 dice en su segunda frase: «Nadie podrá ser obligado a declarar sobre su ideología, religión o creencias». Lástima que no incluyeran aquí el sexo. Por las leyes LGTBI+ de las que antes hablé se hace posible declarar el sexo que quieras, ¿recordáis? Bastaría con declarar un oportuno cambio de sensibilidad *gender* justo antes de la alternancia de rey/reina y se respetaría esta loca norma que he propuesto.

Se da así la paradoja de que el mayor aliado de la monarquía es el feminismo extremo, ese que rechaza la asignación biológica de sexo, en favor de una elección libre de género. Al menos, aliado porque resuelve tener que reformar la Constitución española en un tema tan delicado. Menudo lío.

Leonor, dicen de la Constitución del 78 que es rígida. No es rígida, sino frígida, pues ha sido retocada muy por encima. Respecto a la forma monárquica no incluye una fórmula que diga que «es irrevocable», eso es cierto. Como se aprobó en referéndum un 6 de diciembre, se puede decir que es Constitución Inmaculada, pues es puente entre Franco y la democracia. Casi estoy por afirmar que se ha hecho realidad ese ruego de «virgencita, virgencita, que se quede como está».

DE SUS ENEMIGOS

Pasado este capítulo en el que me he hecho con un montón de nuevos enemigos, pasemos a los vuestros, Leonor. Aunque es preferible un buen abucheo sincero a un grupo de paniaguados aplaudiendo como los extras de un *show* de Nochevieja grabado en agosto, no os acostumbréis al «ladran, luego cabalgamos», sino al «me duele España». Si le duele es bueno. Es que está viva España. Ya sabe que la fiebre no sólo advierte del mal, sino que mata a los virus.

¿Quiénes son sus enemigos?

No son exactamente enemigos los que quieren cambiar la dinastía. Los que quieren cambiar al rey por otro. Los que quieren eliminar la monarquía por un sistema alternativo, que no ha de ser republicano necesariamente. Los que odian lo que usted representa. Los que odian lo que su familia representaba. Los que odian los que los reyes representan. Insisto, no son enemigos. Si van de frente, pueden pensar así.

No son enemigos quienes les da igual que haya monarquía mientras hay paz, seguridad, estabilidad y bienestar. Es decir, los que no son entusiastas.

No son enemigos quienes aceptan la idea de que más vale lo malo conocido que lo bueno por conocer.

No son enemigos los hispanistas. No son enemigos los constitucionalistas. No son enemigos los heraldistas. No son enemigos los militares. Al revés. Son muy amigos.

Ni enemigo es el que dice serlo, pero luego bien que cobra y participa en el sistema. Ese no es enemigo, es forúnculo.

Enemigo es el que dice ser amigo, cobra y participa en el sistema y, sin embargo, luego te la mete doblada a las primeras de cambio. De esos hay muchos, los del «sálvese quien pueda» y «si te he visto, no me acuerdo». Ya los conoceréis, Leonor. Ojalá hubiese un método para estar prevenidos ante ellos.

DE LOS DISCURSOS

«Dime con quién hablas y te diré quién eres», ¿no ha usado nunca esa frase? Y esa otra, «dime de qué presumes y te diré de qué careces». Pues yo os digo: «Dime de qué hablas y te diré de qué careces». Quien reclama escucha, la reclama para que le oigan a él, no para escuchar. Quien pide respeto, no respeta el derecho a la crítica. Quien aboga por la unidad, acusa al otro de dividir (y acusándolo, divide).

Es urgente, Leonor, que despidáis, gentilmente, a los que redactan los discursos de su padre en cuanto pueda. Aburren y no se mojan. Nadie les presta atención. Ganas dan de salir corriendo.

¿A que a vos no se le ocurriría diseñar y coser sus propios vestidos de alta costura? Tiene quien lo haga y según sus gustos. Además, muchos modistos y modistas se prestan gustosamente a ello, por lo que les conviene.

Pues bien, disponéis de miles —de cientos, corrijo— de magníficos escritores (una decena, no me quiero pasar de listo) dispuestos a escribirle gratis —dos, tres— discursos excelsos, que pasarían a la historia. Úselos. Dé a conocer a autores noveles, dignificad a los premios Nobel —de estos sólo uno solo tenemos—. Sin ocultar su inspiración. ¿Acaso los presentadores de televisión no siguen los guiones de otros? ¿No hay monologuistas actuando sobre textos ajenos?

Casi todo son ventajas: expectación, responsabilidad difusa, ganancia del favor de un literato para vuestra causa. ¿Desventajas? La envidia, Leonor, siempre la envidia de los no elegidos. Quienes nunca aceptarían escribirle un discurso no son de preocupar. Con ellos, con los críticos, ya se cuenta.

Leonor. Primer discurso como reina. Primeras palabras. Probad con estas: «Ciudadanos: Hay tantos derechos que ejercer como deberes que asumir».

A partir de ahí, desarrollad lo que queráis. Yo le propongo que siga hablando en sefardí, aljamía, romaní, lengua de signos, castúo, fala, llionés, aranés y lenguas oficiales de España, usando todos sus acentos. En su defecto, explique su deseo de hacerlo pero que opta por el castellano, por ser la lengua común que le han enseñado y que todos entienden razonablemente. Ya veréis qué increíble efecto produce. Habiendo dicho esa frase inicial, habréis dicho lo más nuclear de vuestro reinado, así que después ya puede juguetear un poco.

Una vez lo suelte, quedará cumplirlo.

DE ELEGIR UN CAMINO MEJOR

Os hablé de dar pena. Pero hay un camino mejor, mejor por ser excelso, no por fácil: ese camino es hacer reír.

Sé que para una reina o para un rey esta es una propuesta tan surrealista y peligrosa como ir con Gollum a destruir el anillo. Los monarcas no han de hacer reír, son adustos, solemnes, serios, hieráticos, mayestáticos. Son Isabel II de Inglaterra con almorranas. Porque creen que el poder ha de ser así.

Es curioso. En Estados Unidos hay un evidente apoyo al presidente que sabe contar chistes. Su abuelo era hombre chistoso. Su padre no tanto. Vos, a saber. Ser amable, cercano, humano no se elige. Y la chispa, menos.

Pero pensad qué útil es caer bien. Reyes y bufones siempre se necesitaron. Al bufón se le perdona porque nos hace sonreír. ¿Una reina simpática? ¿Una monarca payasa? Parece que pido un imposible. No están las cosas para tirar cohetes, me diréis. Es cierto. Yo, como profesor, he sufrido a menudo críticas severas por mostrarme así. Según el manual, las clases deben ser circunspectas y el catedrático, plúmbeo. Los exámenes, juicios. Las notas, sentencias.

No puedo pediros que sigáis vos esta senda tortuosa, la de los que desprecian el qué dirán. Reservada para unos pocos. De ella os quise hablar. Y si hablo de ella es porque de ella carezco, según sostuve antes. «Dime, Valentín, de qué pie cojeas y te diré de qué Cáceres», ¿recordáis? Maldita la gracia que tengo. No hace gracia ni a Valentín. ¿Veis lo que os decía?

DE FUGARSE

Cualquier ciudadano sueña con ser rey al menos por un día; un rey sueña toda su vida con ser un ciudadano desconocido. El camino que lleva la monarquía española es que sus deseos se van a hacer realidad: sigue habiendo reyes, pero las nuevas generaciones piensan que son los padres, unos monstruos que han atacado mi región autónoma, o los futbolistas del Barça que es el «rey de la Copa del Rey», que ya tiene guasa. Vuestro rostro real pasa tan desapercibido que no muchos reconocerían a sus reyes.

Puedo contar alguna anécdota estupenda al respecto: un día, en clase, escribí en la pizarra quién había sido el rey durante los primeros años de la democracia. Tenían que elegir entre tres posibles nombres y empecé poniendo «Juan Carlos». No me dio tiempo a copiar una segunda opción porque un chaval exclamó: «¡Cualquiera de ellos! ¡Me suenan los dos!» (fue el mismo que cuando recité «A las aladas almas de las rosas / del almendro de nata te requiero / que tenemos que hablar de muchas cosas / compañero del alma, compañero», me soltó: «¡Qué bonito! ¿Es tuyo?». Ese año aprobó la selectividad con nota y pudo estudiar Medicina. Quería ser cirujano).

Ese es el nivel, y va a peor porque el sistema educativo elimina toda referencia a la monarquía. Solo un aula de mi centro tiene un cuadro con los actuales reyes, increíblemente indemne de pintadas de bigotes. Yo no digo que reinstalen fotos oficiales, pues ya se quitaron crucifijos y nada ni nadie se conmovió excesivamente. Siguió habiendo matriculados en Religión Católica y no parece que desciendan al ritmo que desean los iconoclastas. Pero de Cristo se habla mucho más que de los reyes. Incluso bien. En las redes sociales (las que nutren a los chicos aparte que las clases) sólo aparecen noticias de coña sobre la realeza.

Precisamente en los institutos de Canarias existe una costumbre llamada la Fuga de San Diego. Ese día el alumnado se escapa consentidamente.

Estaría bien y sería fácil que vos, Leonor, os fugaseis de vez en cuando, aunque fuese avisando, tal y como hacen los canarios. Vuele como los canarios, sobre su agenda oficial. Hay películas que tratan de eso como *El príncipe de Zamunda* (esa obra maestra de Eddie Murphy. Una más) o *El príncipe y el mendigo*.

Pero fugarse para socializar «en Es-pa-ña». No para disfrutar en solitario de una cala azulada en isla del Egeo o bajada de pista negra en Gstaad. Una fuga «real», sin engaños. Mejor en un sitio normal, la playa de Gandía, por ejemplo. Pasaréis desapercibida, aunque haya mucha gente. Cuando no sabes qué tienes que observar, lo ignorado se vuelve invisible. Buscad espacios con muchos iguales a vos, físicamente digo. El día que más gente entra en redes, en Navidad, menos «me gustan» te dan.

En Talavera, la cuna de Mariana, hace unos años se vivió una situación parecida, aunque «irreal». Cierto presidente de comunidad autónoma —de cuyo nombre nadie quiere acordarse ya que pensaba que era socialista por socializar, pero se quedaba en «popular» (cosa que odiaba, curiosamente)— decidió un día hacer de basurero. Con cada elección autonómica este personaje, que terminó en el reciclaje necesariamente, se pagaba un libro autobiográfico para su mayor gloria y autobombo. Para esa ocasión dedicó horas y horas de veintisiete días de su mandato en actuar como «anónimo» trabajador en diversos oficios: pastor en la sierra, maestro en un colegio público, pinche de un ama de casa... Ya digo que a Talavera acudió de madrugada, como un ladrón nocturno hace, para recoger basura. Apenas acompañado por un séquito de fotógrafos, guardaespaldas, chófer y asesores de imagen, se pringó de verdad. Bajó al barro, incluso a la mierda misma, por puro afán de recoger el voto de sus electores, como si el voto pudiera compararse a la basura. Que no.

No digo yo que vos, Leonor hagáis eso. Me parece un acto

excesivamente generoso y emotivo, de mucho esfuerzo pues hay que madrugar, tomar orujo en el Bar Valencia y ducharse después para quitar olores rancios.

Eso que quede para los superhéroes de la patria, aquellos que sacan un bono para repetir una legislatura tras otra. Vos no necesitaréis tales alardes. Mas bien, yo digo que os fuguéis de verdad y conozcáis la verdad.

Hay un síndrome llamado de la Moncloa, que afecta a todos los presidentes endiosados. Dicho síndrome tiene un correlato en la Zarzuela, ya lo sabéis. Cuando hable de vuestros viajes, os pediré que conozcáis España entera, la de los palacios y la de las cabañas, como don Juan Tenorio. Esto que os propongo es distinto. Digo que escapéis, que os divirtáis (etimológicamente), que os descentréis.

Por supuesto, sin fotos, sin alharacas y sin libros-reportaje después. Algo que quede para usted misma. Hablando sobre vuestros novios me atreví a proponer el Camino de Santiago. Hay otras muchas rutas posibles: Ruta del marqués de Santillana, Senda de Dulce María Loynaz, Ruta de Reyes (la de Carlos I por ejemplo), Senda de los exilados, Rutas de los filósofos, senderos en jardines de psiquiátricos, Ruta de los músicos, caminito de sordos, Ruta de las aportaciones islámicas en España, Sendero de los expulsados, Ruta de las huellas visigodas, Paseo de las ruinas de civilizaciones, Ruta del Sefarah, Veredita del sefardita, Ruta de los místicos, Trocha de Teresa de Ávila, Ruta de los cementerios, Travesía de las maternidades, Ruta de los romanos, Andurrial de los cartagineses, Ruta de los griegos y fenicios, Derrotero ultramarino, Ruta de celtas, vacceos, turdetanos e iberos, Atajo de franceses invasores. De los muy sonados, hay miles. De los más humildes hay millones.

Conoced los paisajes de la humanidad, Leonor.

Y tocante a otro tema, he pensado bastante cómo podría ser llamado vuestro reinado, qué estilo marcará, porque eso es muy típico de las realezas y adosados. Cuando son personalistas, toman el nombre del susodicho (victoriano, omeya, napo-leónico, cesarista, carolingio). Otras se califican por localiza-ciones (austro-húngaro, versallesco, bizantino, macedónico…). Y, los más elegantes, adoptan el arte que les circunda (churri-gueresco, verdiano, góticos…).

Pensé en yo «reinado joanmanuelino» (no manuelino, que ya hubo en Portugal), por Joan Manuel Serrat. El de Isabel II de Inglaterra es, obviamente, un reinado «beetlestónico», por los Beatles y los Stones. Como Serrat ya no será de su tiempo, lo he tachado de mis propuestas.

También se me ocurrió y rechacé por igual motivo lo de «antoniomachadiano», pero ese nombre lo merece el reinado *non nato* de su bisabuelo Juan, exiliado también como el poeta sevillano por republicanos distintos (eso no quiere decir que haya que seguir luchando para que regresen, si lo desean, tan-tos exiliados por razones políticas al País Vasco o Cataluña y exilados por razones económicas, vulgo emigrantes. Incluso su abuelo. A mí me gustaba recordar que la amada esposa de Antonio se llamaba también Leonor, pero hoy algún indig-nado, algún Cid Acampador, sacaría el tema de la diferencia de edad entre ellos y no quiero esas mandangas).

El de Felipe IV, fue «velazquiano». O el de Felipe II, «cervan-tino». El de Juan Carlos I, vuestro abuelo fue «transicional», sin duda, y el de Felipe VI está por verse si será «sabinista», por Sabina, o «autista», por Aute o por el TEA, que es hermoso motivo en ambos casos.

¿Cuál será vuestro reinado, Leonor del alma mía? ¿Qué artista lo coronará de belleza? ¿O será un reinado «femíneo»? ¿Uno más personalista, «leonordesco» tal vez?

Voy a desarrollar un poco esto último.

DE SU APELATIVO

Leonor, La Humana. Leonor, La Sabia, La Prudente, La Castiza. Ya está pillados. Y, por suerte, también La Hechizada, La Lujuriosa, La Loca, La Vellosa.

Es difícil porque ha habido reyes magnánimos, deseados, humanos, electos, intrusos, crueles, impotentes, dolientes y animosos, justicieros, conquistadores, barbirrojos, grandes, magnos, benignos, cazadores, hermosos, leprosos, pacíficos y pacificadores, buenos y justos, campechanos, fratricidas, preparados, felones y obstinados, pasmados, bienamados, castos, santos, jorobados, gotosos y testarudos.

Dejad que los contrarios a la monarquía os definan, pues hasta se lucieron al decir que Juan Carlos I sería El Breve (y duró treinta y nueve años) o a su padre El Preparado (y resulta que donde mejor está es cuando improvisa). Dejadlos, pues, al final, los historiadores juzgan, los tiempos decantan y la memoria olvida muy selectivamente.

¿Cuál desearía usted? Algunos le pondrían La Última, ya sabe. Su abuelo soñaba con ser el que unió a todos. Felipe unir a todos y a todas. ¿Y vos?

Por mi parte, un poco jugando con el título de una película de mis años mozos que yo recomiendo porque es muy entretenida, la he venido a llamar *Leonor, la princesa prometida*. Que sea como reina La Comprometida, no lo sabré. Espero, pues deseo larga vida a su padre y no creo yo que voy a durar mucho. Aunque si no la llaman así, comprometida ojalá sea, comprometida con los suyos. Y esté segura de que los otros, los que la niegan, tratarán de ponerla siempre en compromiso.

Así que muy lejos de tal apelativo no estará.

DE QUÉ BIEN VIVEN LOS REYES

Quien le escribe ha tenido que oír o intuir más de una vez esa injusta expresión de «¡qué bien viven los maestros!». Igual que nosotros solemos responder que nadie tiene prohibido ejercer este trabajo, los monárquicos suelen explicar qué gran ahorro y utilidad conlleva contar con una persona que dedica su vida a prepararse y luego ostentar un cargo con tanta responsabilidad.

¿Es cierto eso? Si alguien estuviera en condiciones de dar clases mejor que yo, cobrando menos y sin disfrutar de tantas vacaciones, quizás yo sea un parásito de mi empleo. Si alguien asegurase que puede ser mejor rey, gastando menos y sin exigir privilegios, yo personalmente desconfiaría.

Creo que la España del siglo XXI ha tenido suerte con su familia, los Borbones. Hay mejores ciudadanos en España, Leonor, que sus padres y que sus abuelos. Mejores que su hermana y que usted. Pero que sepan reinar mejor no hay ninguno, solo sea acaso porque más sabe el diablo por viejo que por diablo. La experiencia es un grado, mas en la universidad de la experiencia no hay un grado de monarca. Y menos aún el grado de rey de España, especialidad de mucha exigencia donde es fácil suspender asignaturas. Y si hubiera ese grado en la Universidad Rey Juan Carlos, yo —para gustos, los colores— no se lo recomiendo.

Si hemos de hacerle caso a Platón, autor de aquella obra imprescindible que tituló *Politeia*, aunque más conocida (no se asuste) como *La República*, para ser líder de un Estado habría que seguir un preciso programa que quizás lleve más de cincuenta años. Una utopía tal nunca se ha producido, pero si hemos de encontrar algo parecido sería la formación de su padre, don Felipe. En serio lo digo. No note ironía socrática en lo dicho.

Sin embargo, en las monarquías democráticas actuales se da la paradoja de que los súbditos son más libres que los reyes.

Privilegios son obligaciones. Muchas y por tiempo indefinido. Tiempo largo, que empieza antes de la pubertad y acaba en la senectud. Lo que fastidia al ciudadano de a pie no es el privilegio, sino la ostentación y el abuso. Parad en el semáforo. Un coche discreto se traga los atascos, pero saliendo pronto, llega. No os refugiéis en comitivas oficiales como hacen otros.

¿Compensa, Leonor? Como todo, depende. Peor es heredar el trono de la Pantoja, ocupado por la más sufridora mujer de España. Peor, la tiranía estética de las Kardashian. Peor, la maldición eterna de los Kennedy.

La reina Isabel II de Inglaterra nos enseña cuál es el presupuesto fundamental de toda dinastía hereditaria: es preciso morir para dar paso a otro.

DEL PROTOCOLO Y DE LA ETIQUETA

Sin duda, lo que define al protocolo real es que está para romperlo, saltárselo o redefinirlo. Pero quien tiene la potestad para hacer tal cosa, o permitir que pase, es únicamente el rey. Hubo uno que lo llevó al extremo y le apodaron el Ceremonioso.

Reglas de formalidad en actos y ceremonias, modos de saludar, uso del tratamiento y etiqueta a la mesa, y con el vestir. Doctores tiene la Iglesia, sobre todo de liturgia. Expertos la Casa Real, en especial en diplomacia. Escúchelos y, luego, vuélvase loca y vuélvalos locos. Y rompa el orden. Es decir, vuélvase loca y vuélvalos locos: escúchelos.

¿No le agobian a usted esos *wedding planners* que dirigen las bodas? ¿Esos regidores atados a su escaleta? ¿Los *maîtres* que le miran con reproche en restaurantes de lujo? ¿Los *coachs* para hablar castellano sin recurrir a extranjerismos? Desde luego que sí son pesados. Están para eso.

Lo más complicado de la vida es hacerla simple. Sin embargo, ¿os sacaríais un moco y os lo comeríais? ¿Escupiríais un gargajo en la moqueta? ¿Os peeríais en medio de una reunión, *my fair lady*? Pues eso, Leonor, también es protocolo, también es etiqueta y también buena educación.

Ni andarse con melindres, ni ser un cerdo. Diógenes, el Cínico, ya nos enseñó quién tiene permiso para romper convenciones: solo quien esté dispuesto a vivir como un perro será aceptado como perro.

Recuerdo que hace unos años un político empezó la moda de presentarse a las audiencias de su padre vestido con un simple jersey. Otros se quitaron corbatas. Algunas que podían, minifaldas de muslo lechoso. Si es mala ya la presunción del que acusa al otro de ser presumido, pésimo el presumir de no serlo. Mal, muy mal. Todos los anteriores se quedaron cortos y no merecen el menor halago: de haber ido en gayumbos o mostrando el pecho o los pechos, mis mayores respetos. ¿Quieres mostrar rechazo a la institución? Pues a saco. No amenaces sin dar luego.

El único que hace el ridículo es quien lo usa contra otro, el que ridiculiza a los demás. Se ríe de la etiqueta ante unos, mas obedece a pie juntillas el *dress code* de los festivales de cine. Al que dice que no sigue las normas habría que verle realizar su ritual antes de acostarse, como hacemos todos.

Aparte de lo dicho, conviene entender que no hay obligación de conocer todas las normas de cortesía. En cada casa hay costumbres y la Casa Real no es menos. Si acudo como invitado debo hacer lo que cumple al lugar que me acoge. Indulgencia hacia quien no sabe qué cubierto usar, qué vaso es el oportuno. Indulgencia es enseñar sin mostrar suficiencia, como hace una maestra con sus pollitos. El anfitrión me tiene que mostrar cómo espera que actúe. Nadie nace sabiendo. Genuflexión, inclinación, taconazo, yo no soy partidario, debo decir. Palmadita, colleja, colegueo, como que tampoco.

Ante la mala educación, la educación es un arte. Pero la «deseducación» raya la genialidad. Porque «deseducar» es, para que me entienda, volver a guardar la sal derramada. Tan importantes son los agujeritos del salero para que salga la sal como el tapón de rosca que permite que se llene. ¿He sido demasiado sutil al explicarlo? Lo he sido.

DE LOS TÍTULOS NOBILIARIOS

Danny Kaye fue un cómico norteamericano de la primera mitad del siglo XX. Inmensamente popular también en Reino Unido —donde según la revista *LIFE* se le profesaba «adoración bordeando en la histeria»— fue requerido por la familia real inglesa en 1948. Toda ella asistió a su *show* unipersonal en Londres, incluso mudándose del palco real a la primera fila para verlo más de cerca. Fue la primera *non-command performance* de un monarca, después de la guerra. Son datos de Wikipedia, así que tienen que ser ciertos.

Una *non-command performance* es «a special performance of a play or movie that is given because a royal or very important person has asked for it». Traducido al español, «el rey quiere disfrutar de su arte sin pagar».

Hay toda una panoplia de actos similares: Franco llamaba a Joselito, los de Mónaco montaban festivales circenses, los príncipes de Gales a Queen y a Elton. No los montaban, los convocaban… En la España democrática el asunto ha sido más discreto: algún recital de ópera, un musical de Mecano… Se llevaban muchísimo las monterías reales, con churros, migas, puestos de caza y visita a fincas muy latifundísticas. Ahora menos.

Sus padres son más discretos. Van a escuchar obras clásicas, sobre todo a su teatro, al Real. Pero muestran alguna inquietud distinta al aparecer de vez en cuando en conciertos de Alejandro Sanz, Maná, Amaral o Ara Malikian.

Son oportunidades sencillas para mostrar apoyo a la cultura. También para el deporte y la ciencia. Pero se puede ir más lejos. Todos sabemos que Erick Clapton, Helen Mirrer, Sean

Connery o Julie Andrews son sir o dames. ¿Les hace «monárquicos», aceptar tales títulos? Antimonárquicos no les hace. La lista de los que han rehusado alguna orden del mérito o similar no llega a los cuarenta, por razones diversas. Un par de veces aceptables.

¿Podríais imitar esa tradición inglesa? Lo más parecido aquí consiste en dar ducados, marquesados y condados, principalmente. Recuerdo a bote pronto —en tiempos de su abuelo— los marquesados de Salobreña, Púbol, Del Bosque, Bradomín, Marañón, de los Jardines de Aranjuez, de los Alixares, Iria Flavia, Oró, Tàpies, Vargas Llosa, Fuster, Grisolía y Gisbert.

Vuestro padre, Felipe VI no ha concedido ninguno. Y me parece bien, pues se trata de un acto personalísimo de cada monarca. No significa mucho, salvo adquirir el trato de Excelencia o Ilustrísima y, generalmente, poder transmitirlo (previo pago de impuestos) a los descendientes.

Los Premios Princesa de Asturias o Jaume I han optado por abrirse al extranjero. Los Premios Princesa de Girona han sido una buena idea. Solo que no han calado excesivamente.

Quizás seamos capaces de inventar en España un nuevo modelo de distinción. Algo más nacional hace falta. Algo más simple. Más Emotivo. Más televisivo. Más arriesgado. Menos envarado. Menos nobiliario. Menos novelero. Menos predecible.

A mí, como soy muy loco e inventor, se me ha ocurrido recuperar las «hidalguías ingeniosas». Sí. Como el título de *Don Quijote*, efectivamente. Se ha producido la definitiva desaparición de la hidalguía como estatuto jurídico. El liberalismo del siglo XIX sustituyó del régimen de privilegios estamental por la sociedad de clases. Y dado que la sociedad de clases ha sido superada por una «estructura líquida», se puede proponer esta vuelta de tuerca a la «hidalguía».

¿Hay distinción más bonita que ser hijo o hija de algo? ¿Qué os parece? Gentileshombres, gentilesmujeres, al fin reconocidos.

En mi opinión, aparte de que se trataría de una graciosa concesión de vuesa merced, —nunca mejor dicho— debería ir acompañada con el pago de una cantidad de dinero por aceptarla. Un tanto por ciento del IRPF, por ejemplo. ¿Se me ha ido la olla? No. Para tener una estrella en el paseo de la fama en Hollywood también se paga y no poco.

Esta manía española de que todo sea gratis o se sostenga con fondos públicos no sé de dónde viene. Quizá de cuando las necesidades bélicas de la Reconquista empujaron a los reyes a conceder exenciones y prerrogativas a caballeros, a cambio de que mantuviesen armas y caballo para acudir prestos a su llamada, así como a recompensar estos servicios mediante la concesión de privilegios de hidalguía. Como ya no hay necesidades tales, porque se pagan pocos impuestos y tasas, bastaría con indicar que el precio de las «hidalguías» no sirve para comprarlas, sino para pagar los gastos de los actos de entrega y premios físicos. Y cobrar por entrar, por supuesto. ¿Es justo, no? Y el resto, si es que sobra, para un centro de don Orione, por ejemplo.

¿Qué se obtendría a cambio? Satisfacer vanidades. La vanidad sigue existiendo, sin embargo. Y la vanidad de vanidades, más que nunca. Que te dé un honor la reina Leonor gustará a más de uno.

Si, además, lo aderezamos con una representación del tipo Kennedy Center Honors, televisada y retransmitida cada vez desde un lugar distinto de España, miel sobre hojuelas.

Yo lo veo. Otorgadas por vos, ¿creéis que no se matarían por tales hidalguías ciertas presentadoras de programas mañaneros, arquitectos de moda, dramaturgas, periodistas, barítonos, cantautoras, cómicos, directores de cine, bailarines, músicas, productores, literatas, deportistas, mecenas, pintores, directoras de orquesta, actores, magas, empresarios, filántropas, científicos, ingenieras, médicas y otros cientos de opciones? ¿No sería de cierta justicia poética hacer hidalgos a los hermanos

Williams, vascos y navarros, futbolistas del Athletic Club de Bilbao y de la Selección Española de Fútbol, hispanoparlantes, originarios de Ghana, cuyos padres cruzaron por Melilla a España? ¿Cómo les sentará a ciertos defensores de Rh negativo y la lengua vasca como signos de identidad diferencial, supremacistas éuskaros? ¿Y a los ultraderechistas antiinmigrantes, supremacistas blancos, les parecerá bien?

No pondré más ejemplos basados en personas vivas, para no quemar sus posibilidades. Propondré «hidalguías quijotescas» *post mortem*, como la de Lilí Álvarez, por ser pionera del tenis español y tantas veces segunda en su disciplina deportiva de la raqueta, por mujer avanzada y nunca segundona. A Manolo Santana por ser hijo de represaliado franquista y protegido de los franquistas Romero-Girón, sin que eso le causara trauma. A Margarita Manso, amante de García Lorca y mujer de falangista, ambos asesinados por los bandos enfrentados de la Guerra Civil. A Jesús Rollán, portero de waterpolo, por demostrarnos que la fama olímpica no es capaz de parar el ahogo existencial. A Carles Riba, acompañante de poeta universal de Castilla hasta su última barca, por volver del exilio para evitar el exilio de la lírica catalana y así vacunarla contra el provincialismo. A Hilario Camacho, cantautor extremeño, por reivindicar que hay otras tierras de España que son cuna de la buena música reivindicativa desde donde volar a los cielos. A Carmina Ordóñez que enseñó que lo de vivir de las rentas es malísima renta. A Manuel Seco y a María Moliner, madrileño y zaragozana, defensores de la belleza lingüística y de la corrección moral, por ser bellas personas.

Con inteligencia estas distinciones ganarían prestigio. Se quedaría sorprendida de ver cuántos se volverían monárquicos o confesarían serlo en sus momentos íntimos.

DE SI, YA QUE HAY QUE ELIMINAR AL TIRANO, CON QUÉ VENENO HACERLO

Mi amigo Lazzaro Piccolomini me escribió un día para advertirme: «Jamás construyas lo que no puedas destruir». ¡Y qué razón tenía!

El inmenso Imperio español se derrumbó. No fue el primer imperio que lo hizo, ni el último. La familia Borbón y Grecia estaba unida y ya no lo está tanto. Nadie puede decir, salvo los peces en el río, «de esta agua no beberé».

Hace bastantes páginas dije algo del «tiranicidio». Una referencia necesaria si trato de seguir la guía de Juan de Mariana en este texto. Por la misma razón tengo que explicar qué veneno es mejor para eliminar al tirano, pues también Mariana trata de ello. Tan llamativa es la cosa que hasta James Joyce habla de ello en su genial *Retrato del artista adolescente*.

Antes había probadores de comida. Actualmente no se usan, porque el mejor veneno y más usado es la verdad. La lengua que cabe en una boca es la jeringa mejor para inocularla. Por tal motivo, este veneno hace daño al que lo inyecta y al que lo recibe. Ese riesgo bien lo comprobaron miles de opositores de Hitler, Napoleón y Bokassa. Y un heroico número de periodistas rusos actualmente también lo saben, pero ya no pueden contarlo.

Contra la verdad, su antídoto. No es la mentira, no. Es la ignorancia. Si Lenin, Stalin, Franco, Castro o Pinochet murieron en su cama fue porque cultivaron el arte de mantener en la ignorancia a sus desgraciados ciudadanos. Está sobradamente documentado.

¿Pero basta con eso? ¿Acaso Goebbles no sabía eso y lo perfeccionó? ¿Por qué le salió mal al ministro de propaganda de Hitler? Porque algunos tiranos pierden en la batalla, como Mussolini colgando junto a sus apéndices sexuales (ser un dictador son todo ventajas). Y otros pierden aun muriendo en la cama, como le pasó a[4] uno que yo me sé, de apendicitis. Algunos pierden al poco de ser enterrados. Otros pierden cuando ya son carne podrida. *Sic semper tyrannis.*

La verdad los envenena y vence a veces tan despacio… ¿A qué viene tal resistencia de algunos? Obedece a una cosa: que la verdad no puede mezclarse con mentiras, porque pierde su don antitiránico.

Los Borbones españoles que fueron tiranos prevalecieron con frecuencia porque les atacaban con muchas falsedades. Decían que Felipe V solo paraba de yacer con su esposa para llorar arrepentido. Eso no hay quien se lo crea y por tanto, acabó su difícil reinado. Luis I, su hijo, duró apenas ocho meses debido a la viruela. A Fernando VI se le tuvo por bueno, incluso tras enloquecer a la muerte de su amada. De Carlos III dijeron que sólo cazaba y que no reinaba. (¡Oh, qué drama cinegético el de vuestra familia!). De Carlos IV, aparte de tontito —que sí lo era— se dijo que había casado con mujer fea, una mentira más fea aún (la belleza está en el interior, ¿es que los insultones no van al cine?). Su hijo Fernando VII, el indeseable Deseado, fue objeto de ataques bien merecidos, pero se mezclaron con chorradas que rebajaron el efecto de la verdad: que si tenía macrosomía genital (que lo tenía enorme, vamos) o que padecía «lujuria de animal». Todo tan ridículo que, obviamente, ese pésimo rey murió de viejo, que, siendo pragmáticos, no fue sanción para vida tan negra.

Sobre Isabel II, aun siendo mujer, no faltaron las maledicencias guarronas y caricaturas cerdiles. Y eso que protegió a las mujeres pintoras como pocos monarcas. A su esposo, otro Borbón, le acusaban de ser «afeminado» (menuda)[5] y a sus amantes, de «marabunta».

Sobre Alfonso XII poco pudieron malmeter, gracias a Cánovas y sus estabilidades. Tampoco Alfonso XIII tuvo

---

4 Véase «Hay censura».

5 Véase «Hay censura».

mal comienzo (ya hablaré de alguna leyenda sobre él en otro momento). Como apoyó a una dictadura, una verdad incontestable, marchó al exilio. Actuó inteligentemente, como hacen los tardígrados, acurrucando en Roma la monarquía, cuando las condiciones eran adversas y permanecer así, en un estado de animación suspendida y con sus funciones biológicas al mínimo durante un tiempo indefinido, aunque reproduciéndose, hasta que el entorno volvió a ser favorable, dos generaciones después.

Y ya sabéis la que le ha caído en cuanto se abrió la veda (lo escribo a posta) a su abuelo. Caza, cuernos, bárbaras amantes, promiscuidad, «corinnas» sin corona… todo el arsenal se ha usado contra él. Pero no tanto contra él, sino contra vuestro padre, que parece tan intachable que hay deseo de derribarlo por elevación.

Mas, haya paz. No hay caso de que las *fakes news* sobre caza y pesca (del rey o de la reina, real o metafórica) acaben con la monarquía española. No podrán porque mienten, aunque digan verdades y, por tanto, se desnaturalizan y neutralizan.

Sin miedo a vuestra genealogía, temed más a la verdad, Leonor. La verdad os hará daño no cuando muestre las bambalinas del decorado que es toda monarquía, sino cuando desvele que se tomó como auténtico lo que era puro teatro. Se tomó el veneno. Oh veneno dulce, matadme, como Roberta Flack cantaba «mátame suavemente».

No temáis «ser una reina desnuda», sino temed la verdad —fatídica— de quien se atreve a gritar que lo estáis. De todos modos, ¿quién es más de temer, el que no le advierte al rey que está desnudo o el que le acusa de estarlo cuando está perfectamente vestido? (Esto de «El rey desnudo» está en *El Conde Lucanor* escrito por el infante don Juan Manuel, nacido cerca de Talavera, por cierto).

DE SOBRE CÓMO VIVIR COMO UN REY Y SOBREVIVIR COMO REY

Hubo un tiempo en que «vivir a cuerpo de rey» y «vivir como un cura» eran expresiones sinónimas. Criticaban lo muy placenteras que resultaban ambas funciones. Ha cambiado la cosa tanto que monarquía y sacerdocio ya no son aspiraciones de madres sobre sus hijos. Al revés, el disgusto familiar es enorme en el segundo caso, salvo honrosas excepciones. En el primero, salvo excepciones honrosas, se acepta con resignación, porque algo de *glamour* sigue conservando.

En ambos casos, un puesto de trabajo fijo. Como ser funcionario, solo que sin jubilación. Y menos rutinario.

De sobrevivir como rey habría que hablar largo y tendido, pero es un vicio y me estoy quitando. En estos tiempos se ha optado por el formato táper de monarquía, preservarla de contaminantes en sitio fresco para que no se estropee y dure lo suficiente.

Aun así y todo, en general tener una familia real dispuesta a entregar a su primogénito a este sacrificio es un verdadero chollo. La monarquía moderna sabe que no solo debe cumplir, sino que debe cumplir bien. De ello depende su supervivencia. Por eso de lo que se trata es de «sobrevivir como rey». Si para ello ha de sacrificar lo de «vivir como un rey», lo hará.

DE LA LEY DEL EMBUDO EN LAS MONARQUÍAS

El poeta Pablo Neruda escribió: «Es tan corto el amor y tan largo el olvido». Es como decir, «las maquinillas de afeitar duran una semana y el bote de espuma, tres meses». Y fíjese de qué distintos materiales hablamos, de poesía y rasurado, de acero y espuma.

Y de embudo y monarquía. A cualquiera le afecta la ley del embudo por el hecho de ejercer poder: ya puedes haber hecho muchísimo por tu país. Lo que va a moldear a la opinión pública será la última noticia sobre un amor secreto o varios, sobre unas cuentas secretas o varias, sobre un hijo secreto o varios. ¡Qué os voy a contar!

Traed la democracia desde una dictadura militar, moderad la transición, evitad un golpe de Estado, presidid miles de funerales de víctimas del terrorismo, sed objetivo de ETA, conseguid contratos multimillonarios para la economía nacional, mantened una buena relación con Marruecos, Portugal y Francia, educad a un buen heredero o sacad adelante treinta y nueve años de paz... Eso quedará empañado por sus errores. Dos graciosetes decían en televisión, hablando de su abuelo, que «lo que ha hecho este señor por nosotros es impagable». «Los impuestos de su fortuna oculta, impagables», contestaba el otro (uno que, por cierto, ha tenido que pagar más de 600.000 euros en sanciones de Hacienda por no declarar correctamente sus millonarios emolumentos).

Ay. «Es tan corto el amor y tan largo el olvido», Leonor.

De que hemos sido injustos con vuestro abuelo no cabe duda. Pero su vida es historia de España, y de ella debéis aprender vos para formar parte de la misma.

Las lunas de miel con cada reinado aguantan lo que dura una luna de miel. Ser monarca es un matrimonio que puede acabar en divorcio, porque no hay sacramento ni gracia que lo ate. Ya no existen los mandatos «por la gracia de Dios», como del que se ufanaba Franco en sus pesetas (¿recordáis, otra vez, qué le dije de presumir y carecer?).

Así pues, de una relación amor-odio trata esto de reinar sobre un pueblo. Y es buena analogía la de aprender a mimar, seducir, perdonar, soportar y respetar al amado y a la amada.

España se ha mostrado celosa, como experimentó vuestro abuelo. España es machista, como terminaréis por sufrir vos, Leonor. Quizás no en vuestras propias carnes, pero sí en vuestro espíritu.

Ah, sí. Ley del embudo de las monarquías. Habrá que volver a ello después.

DE LA PATRIA, LA MATRIA Y MADRIDEJOS

Los grandes especialistas en crear patriotas son los estadounidenses. Habiéndose inventado unos Estados hace dos siglos, son capaces de hacer que un irlandés emigre allí y termine muriendo por su nueva patria en Vietnam. Los críos cantan a voz en cuello su himno en escuelas multirraciales. Los portorriqueños bailan musicales envueltos en su bandera.

Sin apenas historia, el mundo entero sabe de sus conquistas lunares, sus leyendas, sus símbolos y algún lunar histórico en Vietnam, Iraq, Granada, Nicaragua, Chile, Afganistán, Somalia, Oriente Medio, África, Asia y América. Son la nueva Roma y Europa su vieja Grecia.

¿Qué embrujo han usado? Se lo han tomado tan en serio que, desde el Viejo Continente, nos parece una actitud infantil y exagerada. Su éxito patriótico procede de haber nacido como nación formada por personas que han perdido la suya. El patriotismo siempre nace desde la ausencia. El patriotismo implica echar de menos el lugar donde están enterrados sus padres.

Alguien habló de «matria» —como si las palabras se transplantaran— frente a «patria». Primero, quien lo hizo desconocía el concepto «madre patria», que existe desde siglos atrás. Segundo, no había leído a Giner de los Ríos y su distinción entre «amor a la patria» y «devoción al Estado». Y, tercero, se equivocaba aposta. Es como si eliminara el término «matrimonio», para imponer «patrimonio». Si el que hizo tal propuesta hubiera sabido que hay un pueblo en La Mancha llamado Madridejos, no habría cometido error. Madridejos no viene de que «Madrid está lejos». Ni Madrid está lejos, ni Madrid existía cuando unos romanos de los verdaderos se instalaron allí y llamaron a la villa Matri Tellus, «tierra de la madre». Madre Tierra.

Y de la tierra de la madre nunca te vas. Siempre la pisas, siempre la habitas, siempre comes de ella, siempre te nutre, siempre te sostiene. Y en la tierra de la madre reposarás por siempre. Aunque, en una mala hora, declares que «ni cinco minutos de mi vida me he sentido español». Incluso escupiendo bilis. Hay hijos que insultan a su madre, pero nada les arranca la genética.

La Tierra Madre no tiene enemigos, por definición. Tiene malos hijos. Salvo unos extraterrestres o unos ultraterrestres, capaces de fulminar planetas, nadie puede matar a la Tierra. Y tampoco a ninguno de los seres que la pueblan, sin devolverles al humus de su seno y redoblar su fecundidad.

Por tanto, lo más opuesto a la «patria» es la «matria».

Lo más opuesto a la monarquía es la maternidad. El poder de una madre nunca está sólo. Un monarca siempre lo está.

LIBRO II

DE LA EDUCACIÓN DE LA JUVENTUD

DE LOS DEPORTES REALES

En líneas generales, para una heredera todos los deportes son de riesgo. Esto vaya por delante. Sin embargo, no lucharé por convencerla de las virtudes del paseo contemplativo.

Aunque en sentido estricto sudar es reacción humana, no hay nada más inhumano que sudar haciendo deporte. Por tanto, todo deporte que implique la activación de muchas glándulas sudoríparas ha de ser rechazado. Y dad gracias que no diga lo mismo de los que supongan movimientos bruscos sin efusión transpiratoria.

Que los reyes no sudan es algo sabido. No sudan, ni cagan, ni eructan, mayormente. Si acaso, se le perla la frente, hacen de cuerpo y sueltan provechitos.

Se admiten, pues, deportes en los que suden otros. Lo cual incluye ser espectador en su forma típica. Pero también aquellos en los que suda un caballo, la tripulación o los mecánicos, la hípica, la vela, acrobacias aéreas... Muy recomendable, la carrera de cuadrigas que, yendo al trote, resulta muy efectista. Cetrería y colombicultura se cotizan al alza. Billar —español por supuesto— y futbolín, por la misma razón. Pueden practicarse, en condiciones atmosféricas frescas, la pesca fluvial, el ajedrez, los bolos, el *curling* suave, *bobsleigh*, dardos, tiro al plato, cometa, arco, cricket y hasta rugby en el puesto de pateador a palos y sólo para ese momento del partido. ¡Ved qué idea, la recogida de setas, que merece ser olímpica!

Los ejercicios intensos, en general, se desaconsejan muchísimo para un rey o príncipe, reina o princesa. Muy en especial, el esquí, el montañismo, el atletismo, el boxeo, la lucha, la esgrima, el baloncesto, el fútbol, piragüismo y saltos de trampolín (agua/nieve).

Únicamente a un nivel muy *amateur* se concede participar en deportes que exijan cualquier tipo de raqueta o similar. Definitivamente, nada que requiera el más mínimo trote cochinero. Obviamente excluidos los deportes que deban perfeccionarse en gimnasios o bajo techo con personal oloroso presente. El surf, las motos de agua y las lanchas rápidas solo deben formar parte del paisaje en algún caso de baños de ola, sin entrar en profundidades. Tampoco se puede entrar en profundidades con el buceo con oxígeno. Cualquier cosa que implica absorber oxígeno ha de rechazarse tajantemente, pues el oxígeno se considera flatulencia de árboles.

Con la nieve, mucho ojo, incluso en los traslados hacia pistas, pues hay varios precedentes familiares muy tristes. Se admite la natación sincronizada, escuela de sirenas. La natación en aguas libres, por parecidos motivos, siempre bien vigilada (las hélices son muy malas y muy buenas rebanando vidas). Sin embargo, la natación en piscina cubierta goza de la fama de ser de mucha realeza, sin que haya competición de por medio, ni braga náutica en el medio.

Un monarca habrá de huir como de la peste de actividad cualquiera que implique uso de neopreno, mono enterizo, maillot, coquilla o protector bucal.

No se consideran deportes los juegos de carta y de mesa, casi todos los juegos de ordenador, los juegos de cama (sean como sean), los juegos regionales, los juegos infantiles, los juegos de palabras, los juegos de sartenes, juegos de tronos y los juegos matemáticos, pasatiempos y crucigramas.

Tengo muy buenas razones, además en ser extremadamente reticente a que os introduzcáis, Leonor, en saunas de cualquier temperatura, termas, *jacuzzis* y mantas nórdicas de plumón de oca.

Y finalmente, como explicaré luego, la caza en todas sus variantes, salvo la cetrera, están absolutamente prohibidas para usted. La cetrería sí es de cetro.

DE SU MADRE DOÑA LETIZIA

Me contaron el manido chiste: «Leonor y Sofía revelaron en el patio de su cole a sus amiguitos que los Reyes son los padres». Muy típico, ¿verdad? Todos sabemos que los reyes son... Amazon. Qué ganas de hacer daño.

Si hubiera un solo día con permiso para decir cosas hirientes basadas en cierta verdad, yo diría que su madre Letizia Ortiz se parece a una muñeca Barbie, por lo rígida, sílfide y bien silueteada que está.

Si hubiera un día para decir cosas hirientes, yo diría que es como la bruja del cuento de *Blancanieves*, súper antipática, vigoréxica, perfeccionista, huracán viviente, cruel, malvada, con un horrible pasado, divorciada, controladora, roba niñeces, presionadora y sobreactuada.

Si hubiera solo un día para decir cosas, yo diría que Letizia eligió cárcel de oro antes que pobreza en libertad o burguesía anónima.

Si hubiera un sólo día, sería para reconciliarme con Letizia. Ese día modificaría mis impresiones basadas en estereotipos baratos y donde dije «digo», diría «Diego»: actriz de carácter,

71

Letizia von Spanien, minimalista, detallista y lista, cercana, cercana a la ingravidez, cooperatriz, abnegada madre, negada a antojitos, eficiente lo suficiente, limpia como ella sola, disciplinada, nada díscola, cinéfila, seguidora de Felipe, de Felipe Varela.

Como días hay muchos, yo sobre su madre no digo nada malo. Bastante tenemos con los atorrantes que saben hasta cómo zanja ella las discusiones con su padre: «Macho, es lo que hay».

Creo intuir que vuestra madre no os va a educar en el engreimiento. Hay mucho hijo de Beckham-Spice Girl por ahí para los que contratan gente que les abre los regalos, hincha los globos y hasta evita que les huela a ajo las «*spices*». Vuestra hermana y vos no pasaréis de alguna tontería adolescente, esas en las que los de quince siguen en sus trece.

Sin embargo, sobre su padre no se me ocurre nada. ¡Y que no se me ocurra! Además, ya habrá ocasión. ¡Será por días en esta prisión donde me hallo por haber escritos cosas inadecuadas sobre su madre!

Me pregunto por qué no me muestro más amable con doña Letizia. ¿Por qué meterse en tales chapapotes? De mi generación es la española que ha llegado más lejos, más alto y más fuerte. Tal vez sea algo de pelusa. ¿Qué pulsión inconsciente se me oculta?

Una cosa sí sé, que justifica de sobra que me explaye aquí sobre ella: es su madre. Tal vez sea porque doña Letizia es la más directa competidora de este libro. Le vais a hacer más caso a ella que a mis amabilísimas exhortaciones. ¿Cómo una hija puede hacer más caso a su madre que a un señor que no conoce de nada? Y hay otra cosa, una impresión —no juicio— personal y seguro que muy equivocada: no es que me parezca seria, es que se «toma muy en serio» las cosas. Y eso a mí no me gusta porque yo soy más de «desdramatizar» (salirse de madre, de algún modo, es «desmadretizar»). Seguro que esa forma de ser la conocéis pues es muy de una línea borbónica (la de su abuelo al que le debéis querer a morir, sin ir más lejos) que algunos irritados calificaron como «campechanía» y resulta ser «mecanismo de supervivencia».

Yo no puedo, Leonor, igualarme a ella, salvo en el físico (tengo unas piernas delgadas y dos de mis brazos torneados, todo lo más, aunque en persona pierdo. Me lo dicen mucho). En lo demás, vuestra madre y yo ni de lejos somos parecidos. Sin embargo, hay cosas que tal vez ignore sobre su vida, ya que estoy seguro de que va a protegerla ahorrándole ciertas informaciones.

Mirad, os contaré una anécdota: la reina Letizia fue a ver el partido por el tercer puesto de baloncesto femenino del campeonato del mundo. España gana. Baja a vestuarios y saluda a las jugadoras, quienes la agasajan, sacan fotos, se congratulan y rinden pleitesía.

Locas de emoción por el merecido premio, las muchachas, cuando se quedan ya solas, bailan y cantan la canción que han elegido como *leit motiv* del campeonato. Es *El Vals del obrero*, de Ska-P, un grupo que dice entre otras exquisiteces (es un tipo de expresión musical que funciona así, evidentemente):

Este es mi sitio, esta es mi gente:

Somos obreros, la clase preferente.

Por eso, hermano proletario, con orgullo

Yo te canto esta canción. Somos la revolución.

Sí señor, la revolución.

Viva la revolución.

Estoy hasta los cojones de aguantar a sanguijuelas,

Los que me roban mi dignidad (…)

Somos los obreros, la base de este juego

En el que siempre pierde el mismo «pringao».

Un juego bien pensado, en el que nos tienen callados

Y te joden si no quieres jugar.

¡Resistencia!

¡Des-o-be-dien-cia!

Algunas de ellas berreaban el tema al mismo tiempo que wasapeaban emocionadas: «Ha estado aquí la Leti. Es aluuuuuucinnaaante» (*sic*).

Estos sapos son los más gordos que os vais a tragar, Leonor. Defender la unidad de España en plan superhéroe pasa pocas veces y se hace con gusto. Aguantar besamanos, se soporta. Recibir a tontos del culo, divierte. Pero enfrentarse a la incoherencia, sufrirla sin que nada pueda hacer, poner buena cara ante los hipócritas… ¡es horripilante! (A las deportistas de la selección nacional lo mismo les vale saludar a la reina consorte que invocar a la revolución, aunque más bien era solo montar el pitote. Sin embargo, lo asombroso es que coreaban «te joden si no quieres jugar», ¡una incongruencia en toda regla!)

¿Entiende por qué su madre le oculta las situaciones que le esperan? La quiere porque la ha parido. Pero yo no puedo hacerlo, ni ocultar, ni parir. Permitidme que lo se lo muestre. Leonor, es lo que hay.

DE LO QUE DEBE APRENDER UNA FUTURA REINA

Como vuestro padre, ¿por qué vos no podríais estudiar en centros privados y públicos? Él también fue a un colegio privado y a una universidad pública, la Autónoma de Madrid. Luego viajó a los Estados Unidos con la élite de los jesuitas de Georgetown. Se formó en los tres Ejércitos, algo que es muy recomendable aunque vos no necesitáis hacer la mili en regulares para convertíos en un hombre.

Pero, dónde estudiar no importa tanto como qué debe aprender una futura reina:

Debe conocer todas las lenguas oficiales, hablar español y ser políglota.

Debe aprender idiomas para ser usted flexible y comprender al otro, no sólo lo que dice sino por qué lo dice. Sobre el inglés, procure que le se entienda. No pronuncie como si tuviera una piedra bajo la lengua.

Debe recibir una buena formación en Derecho.

Debe conocer la historia de España.

Debe conocer la historia universal.

Debe viajar de forma oficial y de modo privado. En este segundo caso, de sus gastos personales, salvo los mínimos de seguridad.

Debe tener estudios superiores, da igual si un grado, dos y tres cuartos. Eso es lo de menos mientras los curse en una facultad que no los regale. Este requisito es para poder diferenciarse de algunos ministros, diputados y senadores. Circunstancialmente, de algún presidente de gobierno.

Debe expresarse bien.

Debe pagar sus deudas y no deber nada; y menos a España o al Estado.

Debe ser amena, undécimo mandamiento según dicen.

Debe huir, como de la peste, de los solemnes.

Debe ser solemne ante las pestes que asolarán España.

La tarea es tan ingente que debo señalar la completa imposibilidad de adquirir una suficiente cultura siendo reina. Siempre se le quedará corta, la cultura o la vida. Por ayudaros os aconsejo que veáis cachitos de mundo, que leáis fragmentos seleccionados. Recorred ciudades a buen ritmo. Visitad monumentos sin demorarse en detalles. Una cultura del esfuerzo no se gana sin esfuerzo.

Ya que siempre quedará algo por ver, al menos ved mucho y mal visto. No es un consejo. Es la definición de turismo.

DE LO QUE ES IMPOSIBLE DE APRENDER Y CONVENDRÍA SABER HACER A UNA REINA

A ser benevolente.

Ser simpática siempre.

A repetir ropa sin repetirse.

Exigirse al máximo, como mínimo.

No infraestimar lo que puede hacer su espíritu.

A saber contestar a los estúpidos con frases como: «Son preciosas sus ideas utópicas. Lástima que yo he viajado a Venezuela». O «¿por qué no te callas y me besas?».

A esquivar piedras, tartazos y escupitajos con elegancia.

A contestar al insulto con un argumentario ya preparado:

A frases como: «Aborto, más te valdría no haber nacido», contestar: «Además de innecesariamente hiriente, contradictorio».

A contestar al que se queja de indulto con frases como: «Agua pasada no mueve molino».

A contestar a los inteligentes con más inteligencia todavía, como a la interesantísima y republicana Mary Beard cuando dijo «en el corazón de la monarquía hay un vacío enorme» que «al menos hay corazón y por ello te han dado el premio Princesa de Asturias lleno de 50.000 euros», podrías decirle.

A contestar a los nada originales cuando editan en un folleto pagado por su ayuntamiento con dinero del contribuyente frases como: «Más caros son los yates del rey y su familia de parásitos que una tirada de libros sobre educación sexual» con un popular «miramajoteloagradezco pero no».

A contestar a los lemas de «Una, grande y libre», rebatiendo: Sí. Pero...

Libre te quiero,

como arroyo que brinca

de peña en peña.

Pero no mía.

Grande te quiero,

como monte preñado

de primavera.

Pero no mía.

Buena te quiero,

como pan que no sabe

su masa buena.

Pero no mía.

Alta te quiero,

como chopo que en el cielo

se despereza.

Pero no mía.

Blanca te quiero,

como flor de azahares

sobre la tierra.

Pero no mía.

Pero no mía

ni de Dios ni de nadie

ni tuya siquiera.

(Aunque sí de Agustín García Calvo y de Amancio Prada).

Y a los que griten: «Los Borbones sois lo peor», contestadle con *Somos* de Labordeta.

Y a los que os deseen la muerte, *La muerte no es el final* de Gabaraín, quizás cantada a coro junto a algunos batallones de gente a favor.

Y a los que os recuerden a Franco: *Uno de aquellos* de Miguel Hernández, (en la versión algún *cover* bonito basado en la canción de un Serrat tembloroso).

Y a los que os apremien para que sonriáis para las fotos, *No sé de dónde brota la tristeza que tengo* de Leopoldo Panero.

Y a los que revienten un discurso, recitadle *Pido la paz y la palabra* de Blas de Otero.

Y a los que nazcan de rojo y a los que nazcan de azul, recordadles *Españolito* de Antonio Machado. Y cuando crezcan, que bailen *Telespañolito* de Sabina.

Y cuando pase, que pasará, leed en el silencio de El Escorial las *Coplas a la muerte de su padre* de Manrique. Y si fuera tu madre, el poema *Mañana* de José Bergamín (aunque un poco de García Lorca), que dice:

He estado a verte y creo

que volveré mañana…"

Una mañana que siempre deletreo

con esperanza vana.

Una mañana que nunca mañaneo.

Una mañana de ayer y no de hoy.

Tú estás en él. Yo no sé dónde estoy.

DE NO METERSE EN LÍOS

Si fuese verdad que al morir pasa tu vida por delante como una película, sería bueno procurar que no fuera aburrida. Si es aburrida puede que sea larga. Peor todavía. En el caso de alguien que vivió en este país, será película de cine español. Como —contaba el humorista Goyo Jiménez— si no tuviéramos bastante con morirnos.

Un reinado será largo si uno no se mete en líos. Hay ejemplos sobrados. Sin embargo, yo los detesto. Meteos en líos vos, Leonor. Actividades de perfil bajo, pero lucidas, hay muchas. A los políticos les encantan para no mojarse. Vos, imaginad el lío:

Rechazad inaugurar, excepto centrales nucleares, oleoductos, cárceles y campamentos de refugiados.

Dejad a otros las cumbres del clima y todo evento para salvar el mundo.

No presidáis fundaciones a no ser que se impliquen hasta las cachas.

Renunciad a viajar a donde os esperan con los brazos abiertos.

No acudáis a cenas en vuestro honor en las que vuestro honor jamás se vería comprometido.

Acompañad a algún equipo deportivo en un encuentro contra rival extranjero en clara desventaja. No vayáis al palco presidencial ni a la tribuna preferente.

Reducid al máximo la presidencia de desfiles militares y sustitúyalo con visitas anónimas a zonas de guerra o campañas humanitarias.

Jamás vayáis a catástrofes sin llevar unas botas de agua, mono de trabajo, pico y pala. Excluid los tacones, montones de agentes de seguridad, fotógrafos y peinado de peluquería.

Llorad por otros en privado. Llorad por vos misma en público. Quiero decir, que llore, por sí misma. Que nadie le haga llorar, que lo haga usted.

Invertid en empresas pequeñas. Si no perdéis, dedicad los beneficios en invertir en empresas más pequeñas.

Si podéis guisar con tres ingredientes, guisad con tres. Si podéis guisar, guisad. Si guisáis, comed lo guisado. Esto, Leonor, vale para todo cambiando el verbo «guisar».

Engordad. Engordad lo que vuestra genética, metabolismo o niveles de hormonas sugieran.

No conféseis enfermedades. Se confiesan pecados que dependen de nuestra voluntad. Las enfermedades se sobrellevan cada uno a su modo. Sólo debéis reconocerlas si eso es parte de su curación.

Resaltad lo malo de las demás naciones, con máxima diplomacia. Siempre es útil que las monarquías cercanas sean absolutistas, anticuadas y despreciables. Mejor, por supuesto, si son repúblicas en caída libre.

Desead que a vuestro padre no le vaya estupendamente. Siempre es útil que el reinado anterior haya sabido a poco. Al contraste siempre se gana. Por desgracia un argumento muy válido para todo poder institucional es: «más vale lo malo conocido, que lo bueno por conocer» o «más vale pájaro en mano que ciento volando».

¿Os parecen líos suficientes? Pues, aguardad.

DE METERSE EN LÍOS DE LOS QUE NO SALDRÁ JAMÁS

Tened en cuenta que el dinero que se gana fácil se gasta rápido. Cuanto más te cuesta lograr algo, más lo cuidas. Por tanto, otro buen lío vendría de anunciar: «¡Ciudadanos, siguiendo el ejemplo del Kuwait bañado en petróleo, el Estado les va a otorgar una pensión altísima con la que vivir sin dar chapa! ¡Y el que venga detrás, que arreé!». Este es un lío de marca mayor, llamado estado del bienestar. Una vez entras en ese laberinto habitado por un minotauro llamado «déficit estructural», a ver quien sale.

Un segundo lío de salida imposible: las opiniones antixenó-fobas complejas. Por ejemplo, opinar que hizo más por la libertad la canción *Strange fruit* cantada por Nina Simone, que el célebre discurso de Martin Luther King. Una canción grande goza de la apetencia y de la emotividad. Y las mejores participan del peligroso don de la racionalidad simplista. («Las canciones son obras menores, pero tienen una capacidad de representación simbólica que consigue que las personas tengamos la posibilidad de entender la melancolía como un ejercicio serio de la memoria», dijo Patxi Andión, un cantante injustamente olvidado). ¡Simples canciones, sí! ¡Que frente a un discurso ganan siempre! Al expresar esa convicción, al minusvalorar a Martin Luther King seréis acusada de ser del Ku Kux Klan, como poco. El nivel cultural es muy bajo, Leonor. Es muy bajo. Pero, sobre todo, la mayoría es incapaz de captar ironías. Y esto pasa desde la Atenas clásica. Sócrates debía haber cantado en vez de pronunciar sus largas parrafadas.

Tercer tema enredoso al máximo: el feminismo por decreto. ¿Y si ser rey es mejor que ser reina? No lo descartéis. Han hecho más por el feminismo Merkel y Thatcher que todas las manifestaciones contra el heteropatriarcado del mundo. Tenéis una oportunidad para seguir esa senda, hasta cierto punto. No tratéis de aparentar lo que no sois. Algunos os considerarán ultrafascista hagais lo que hagais, ya os atéis a un toro bravo para compartir destino en protesta por su muerte en la plaza, ya os bajéis las bragas y miccionéis en la Plaza de Colón, ya le hagáis un corte de mangas al papa, ya os aprendáis una canción de Luis Llach para darle un estacazo a alguien, ya os caséis con vos misma y os adoptéis a vos misma y os divorciéis de vos misma... ¡Da igual! Los que reparten carnets ya lo han hecho (en el siglo XIX en concreto fue el reparto). Es como ser socio del Real Madrid: no se puede. Hay cupo cerrado. Puestos a liarla, declarad que vuestro cuerpo os pertenece, pero que el del embrión es cuerpo suyo, del embrión, y no os pertenece entonces. El lío tendrá ya aspecto de cordón umbilical.

Y esto me lleva al cuarto tema lioso y liante, otro hilo de Ariadna insoluble con el que ahorcarse (aunque es mejor que ingesta masiva de barbitúricos, le advierto): la tortilla de patatas, las fiestas, la Champions y las folclóricas.

¡Ni se os ocurra inclinaros hacia un lado u otro en estos temas filosos! La tortilla con o sin cebolla. Como digo tortilla digo paella valenciana, cocido de tres vuelcos, botillo, calçotada, pulpo a feira, gazpacho, alipebre, ajo blanco, atascaburras, mantecaos, ajopringue, salmorejo, revolconas con pimentón de la Vera, judías de El Barco, lentejas de La Armuña, garbanzo de Fuentesaúco, pimientos de Padrón y de El Piquillo, fabada, angulas del Cantábrico, anchoas de Santoña, atún de almadraba, albaricoques de hueso dulce, naranjas, cardos o cardillos, melones y jamones ibéricos, quesos y aceites d. o., yemas de santa Teresa, mazapán, turrón, churros, chorizo de Cantimpalo, butifarras, longanizas, todo tipo de condumios, caldos variados y punto de la carne asada. Perdonad la retahíla. No me he ahorrado el inventario porque soy de buen comer. Todas las nombradas son recetas culinarias con trampa que ante la pregunta de «cuál os gusta más» no admiten otra respuesta que «yo, la de mi madre». Y, por cierto: a los callos a la madrileña ni mentarlos. Callos burgueses y capitalinos, nada peor que presumir de eso en manos de reina.

Sobre las fiestas, incluidas las Semanas Santas, una reina no puede mostrar preferencias. Vos no tenéis pueblo ni ciudad, Leonor. Tenéis todos los pueblos y todas las ciudades de España. No mostréis simpatías hacia unos festejos en relación a otros, verbenas o romerías. Mucho cuidado con descubrir a la nación la genial Patum de Berga, o el místico Corpus Christi de Lagartera o Camuñas. Haréis de menos a la tamborrada de Calanda o el hipnótico Misteri de Elx. Callad si visitáis «Las italianas» de Garganta La Hoya. Todos, todos les parecerán dignos de respeto y, por tanto, no formará parte reconocible de tales actos en ningún caso. Tal vez pueda verlos desde un balcón, globo aerostático o en lontananza (si son fuegos de artificio). Y a San Pedro Manrique, pisando brasas, id a oler sus fiestas en plan muy discreto, pero vaya, porque huele a algo indefinible.

Entre nosotros, hay algunos festejos en España, sucios, pringosos, de gusto dudosísimo. Pero ya os digo, el carnaval de Tenerife, la Tomatina, la Feria de Abril, los Sanfermines o el Toro de la Vega (¡uy, lo que he dicho!) no son de esos, me parece, si uno sabe comportarse. Y no voy a nombrar otras de las que sales mariscando entre vómitos, rebozado con vino, embarazado, exprimido como doce uvas, emborrachado con lemas «indepes», contento por haber perdido la dignidad, con pollas en la cabeza, calzones como antifaz, microbañador paquetero y brillantina en pecho orgulloso depilado o, por terminar en algún momento, fiestas aburridas, desangeladas y forzosas. ¿Lo veis, Leonor? Aquí me he liado yo de manera irreparable.

Sobre la Champions no se pronuncie. Demasiados egos y demasiados fracasos dolorosos. Silencio.

Y al respecto de las folclóricas, para vos no existen. Ignoradlas. Son la competencia directa, las otras reinas advenedizas de esta nación: Lola Flores, La Piquer, Rocío la Más Grande, Pantoja la Viuda Negra y Carmen de España y noooooo la de Mérimée, y noooooo la de Mérimée.

DE ALGUNAS LECCIONES DE HISTORIA QUE DEBE CONOCER Y OLVIDAR INMEDIATAMENTE DESPUÉS, QUEMANDO ESTAS HOJAS Y AVENTANDO LAS CENIZAS

La historia tiene brotes de dislexia moral. Hablé de una «ley del embudo», ¿recordáis? He aquí algunos casos contados como partida de *ping-pong*:

A Franco no se le valora que desarrollase la Seguridad Social, los embalses, la elección juancarlista del heredero de la jefatura del Estado, el apoyo a la ONCE... porque era un dictador llegado al poder tras ganar una guerra civil provocada por el fracaso de un golpe de Estado. [Francamente, el franquismo fue una franquicia de Hitler disfrazada, fracasada francotiradora contra francmasones, de ideología Frankenstein (monstruosa y a retazos) que confraternizó con francobritánicos, turistas de la franja de Francfort y otros cafres de francachelas (cifrados en millones), gracias a los cuales la población franqueó, con paciencia franciscana, una frazada de décadas sufrientes].

A Maradona, por contra, se le perdona que metiera un gol con la mano, y la droga, y el apoyo de la mafia, disparar a la prensa, no ganar nada como entrenador... porque jugaba como ninguno jugó. La bola pasa a Nadal, a quien no le perdonan ganar tantos Roland Garros y a atacar a Djokovic por antivacunas. Y regresa a Djokovic, a quien, a pesar de dar pelotazos a jueces de línea y saltarse normas covid, se le considera un mesías serbio y una leyenda de la raqueta.

Por contra, a Stalin no se le perdona el gulag, la represión, el genocidio de los ucranianos... aunque ganó la Gran Guerra Patria contra Hitler. A Hitler nadie sensato le justificaría el Holocausto, la invasión de parte de Europa y África, la destrucción del patrimonio moral germano, las violaciones de todas las reglas de la diplomacia internacional... aunque hizo construir unas autopistas estupendas, alcanzó el pleno empleo y mandó diseñar un Berlín espectacular a su amigo Speer.

A Napoleón se le recuerda como un líder digno del mejor elogio, ilustrado jurista impulsor de códigos civiles, mecenas del arquitecto de un París majestuoso... aunque bañó las naciones en sangre, dejó desvalijar tumbas, convirtió templos en establos para sus percherones, esquilmó obras de arte y sometió a los franceses a un centralismo aplanador. A la reina Victoria la festejan como la monarca de las épocas de esplendor del Imperio británico… sin que eso quede empañado con el apoyo al negocio de la esclavitud negra, alentar el robo de riquezas extranjeras, rapiñar colonias, promover el *apartheid* en países, permitir el capitalismo más feroz y practicar el peor puritanismo. A Churchill le reconocen como unos de los libertadores frente al nazismo, dos premios Nobel bajo el brazo… pero de la hambruna de Bengala o el gaseamiento de los kurdos, de la derrota de Gallipoli o del reparto de Europa durante décadas, no se habla.

Por contra, a Nixon le consideran el más nefasto presidente de los USA… aunque fue Kennedy quien entró en la guerra de Vietnam y él quien la finalizó.

Por contra, Reagan… La Contra. No vamos a llevar la contraria, que no toca.

Por contra, Felipe II reinó sobre el imperio más vasto de la historia, trabajando día tras día, promoviendo obras como El Escorial, siendo mecenas de los mejores pintores, practicando una vida virtuosa y coherente con su religión… pero debe rendir cuentas con una leyenda negra que deberían llamar ennegrecida.

No compréis, Leonor, el producto que venden los verduleros de la historia. Contra viento y marea.

SOBRE SI DAR UN EMPUJÓN A LOS NORMALITOS O MEDIOCRES

Hace poco tiempo, un compañero de profesión docente (de aquí, de Toledo) se hizo viral porque anotó en el examen de «10» de una alumna de Química: «¡Gracias y mil veces gracias! Por tener el placer de ser tu profesor, por ser tu trabajo, tu actitud y tu interés en la materia. ¡Te superas día a día! ¡Eres admirable! ¡Nunca dejes de creer en ti! ¡Vales mucho!».

Leonor, notaréis ligera ironía en mis palabras. Tomadlas como cierta envidia por mi parte, si quiere. Lo primero que observamos es que la redacción de la nota del profesor de Química no es tan de «10» como el examen. Le resto un punto.

Segundo, que el mérito radica en que una alumna presumió en redes de su nota y de los halagos a su trabajo y él se prestó después a divulgarlo hasta por la tele, lo cual resta al menos dos puntos más. Tercero, porque que se haga viral algo que sucede con frecuencia en miles de exámenes desde hace años, le quita originalidad y encanto. Le resto otro punto.

Y cuarto, porque los mensajes de ánimo y estima lanzados a quienes sacan ya un «10» como recompensa resultan de poco valor. Le quitaría otro punto, salvo porque concedo la posibilidad de que ese «10» sea el fruto tras una trayectoria de malas notas en formulación química. De modo que lo dejo como está.

En total: un seis. Aprobado alto.

No os quepa duda. Los mejores profesores son los que han sacado adelante a alumnos normales. Esos que jamás presumirán, ni siquiera les reconocerán la sutil tarea que han obrado en sus pupilos.

Aunque no es de celos profesionales de lo que quiero hablaros. Simplemente me gustaría mostraros la inmensa trascendencia de un gesto suyo, Leonor. Simplemente un gesto. Tal sería contestar personalmente a algunas cartas de las miles que le mandan, sin usar las fórmulas automáticas de los burócratas (una foto firmada impresa en serie). Por ahí se podría empezar. O bien recibir en audiencia a ciudadanos aleatorios. Acudir a un bautizo al que le han invitado (creo que ya se ha hecho). Mandar unos bombones a un asilo (sin gluten, sin lactosa, sin chocolate…). Dar el pésame a una mujer de Becerril de Campos (Palencia) que se ha quedado viuda a los ochenta y ocho años.

Buscad que no sea alguien que haya salido en medios. Buscad no salir en medios. Buscad que os salga sin prever.

Los pequeños detalles son lo más importante de un reinado, Leonor. Pareciera que es justo al revés, pero no. Yo os doy mi testimonio de docente, tras bastantes años. Apenas una palabra, una caricia. Al camarero un «buenos días, póngame un café. ¿Cómo andas?». ¿Qué es eso de que «el diablo está en los detalles»? ¡Para nada! Está en la falta de detalles.

La gran suerte de vuestro caso, Leonor, es que igual que se sobredimensiona cualquier acto que hacéis, también se sobre-estimará cualquier leve mohín positivo que esbocéis. Los españoles pueden tener muchos vicios, pero no el de olvidar el pequeño bien que alguien le ha hecho a ellos —más, en par-ticular—, señalándoles de un modo especial en las grisallas de sus vidas.

¿Os habéis fijado en esas fotos que cuelgan muchos dueños de restaurantes en sus paredes? Si come en su casa un famoso y se ufanan, ¡qué no harán con la foto de una reina! Los hoteles nominan a sus mejores habitaciones por un visitante ilustre. ¡Por una reina han cambiado sus nombres algunos resorts de lujo!

Mientras que el esfuerzo de maestros, médicos, bomberos, policías y tantas profesiones recibe escaso aplauso... Mientras que la labor imprescindible de conserjes, limpiadores, vigilan-tes, reponedores y muchos más solo merece atención en lo peor de una pandemia... vuestra vida, Leonor, tendrá honores. Vos gozaréis del superpoder de atraer todas las miradas y todos los aplausos. Y, como dijo el tío de Spiderman: «Un gran poder conlleva una gran responsabilidad». En esta ocasión, la res-ponsabilidad de ser consciente de lo que conlleva.

DE LA LUCHA CONTRA EL MANIQUEISMO MORAL

El mal no es poliédrico. Es la realidad misma la que es poliédrica.

El bien no es mal, el mal no es bien. Ambos existen. No tienen la misma naturaleza. El bien es. El mal no es, pues es ausencia de bien. Pero existe, como existe la oscuridad o el silencio.

Están mezclados, sí, como trigo y cizaña, como materia y antimateria. Separarlos no es tarea para humanos, se necesi-tan ángeles. Convivir con eso es obligatorio. El maniqueísmo moral es infantil e injusto. La justicia consiste en dar a cada uno lo suyo. El maniqueísmo moral elige entre negro y blanco, sin escalas. Entre indios y vaqueros. Entre madridistas y barcelonistas. Entre siths y jedis.

Hay un mal malo y hay un mal peor. Pero no hay un bien malo, ni un mal menor. Tampoco hay un mar Menor, pero eso es otra historia ecológica muy desgraciada. Un «mal menor» es un bien pequeño, que no es lo mismo que un «bien suficiente».

A negacionistas y conspiranóicos hay que escucharles y tolerarles. A los independentistas ya catalanes, ya gallegos, ya vascos y ya basta. A los nostálgicos del fascismo. Hay que prestarles atención. A los golpistas. A los revolucionarios. A los tradicionalistas. A los antisistema. Atienda sus argumentos. A los libertinos o mojigatos, imagínelos en sus extremos sentimientos. A los azules, a los rojos, a los violetas, a los naranjas, dignaos en usar gafas con cristales tintados que cambien la realidad.

A los que gritan, modere su afán de callarlos. A los que callan, estimulad su silencio. A los que atienden, satisfaced su espera. A los que no tienen palabras, prestádselas. Y sabed que, como dice mi amigo Alfredo J. Ramos: «Solo son de verdad imprescindibles las palabras que no pueden decirse». Ergo, son de verdad prescindibles las palabras que pueden escucharse.

DEL SÍMBOLO Y DE LAS TUMBAS EN CONCRETO

Quien aspire a que «lo que simboliza algo» sea respetado, debe respetar lo simbolizado. Si notan que sois, Leonor, como todos, algunos se preguntarán: «¿Qué tiene esta que yo no tenga?». Tened preparada una respuesta, si podéis. Os ayudaré.

Hay una película pasable en la que actúa Will Smith, *Men in Black*. Dos tipos que salvan el universo van de negro. Pero uno es anodino y el otro es Will Smith. En cierta escena le dice al compañero, que va vestido exactamente igual que él: «¿Sabes cuál es la diferencia entre tú y yo? Que yo hago que esto luzca».

Una reina debe lucir. Al lado de una reina, una presidenta de república va de negro. *Woman in black.*

Y no me refiero a la parafernalia (es el término técnico). Estamos en el siglo XXI. No llevéis corona. Y usad poco la tiara. Tener muchas cosas en la cabeza impide hacer las cosas con cabeza. Andaréis de cabeza. Os prestaréis a servir vuestra cabeza en bandeja.

Son otras las cosas que pasan por mi cabeza y me preocupan. La pompa, la circunstancia. Un rey español puede proclamar, parafraseando a Ortega, «yo soy yo, y mi pompa y circunstancias». Por definición, un rey es alguien precedido de pompa y circunstancia, de bombo, de fanfarria (solo que una pompa es frágil y las circunstancias cambian, también os digo. Explotan con poco y te dejan con el trasero en pompa). El cargo real —la «monarquez»— ha institucionalizado su autobombo. Es por algo: considerad que actuar así es medida de prudentes, no de presumidos, pues se evita el recibimiento con que reciben los vendedores a puerta fría. Un rey debe anunciar su llegada, con estrellas, ángeles trompeteros y profetas por delante si hace falta.

Ya hemos hablado de cómo vestir. ¿Cómo moverse? ¿Cómo sonreír? ¿Cómo excusarse para ir al excusado? «¿Cómo hablar si cada parte de mi mente es tuya?», que canta Amaral. Fijaos en vuestros padres, Leonor. Yo pienso que lo hacen bien.

Haced que luzca. Se os va a dar bien, estoy seguro. Pero no os luzcáis: lucid «el símbolo» que es algo bien distinto. El símbolo de la unidad es su propia realeza (en eso ya hemos abundado antes), mas ¿cómo se simboliza lo simbolizado?

Con boato. Ah, el boato. Veamos el caso en España. Empezó la cosa con los visigodos, pues del aparataje de los reyes tartessos y reyezuelos iberos se sabe poco, por desgracia. Más en concreto, se habla de Leovigildo como el primer *fashion victim real* de la historia hispánica. Antes copiaban a los romanos, *imitatio imperii* (un gran historiador abulense, Sánchez Albornoz lo llamó «espíritu simiesco» y «gusto por el remedo de los modelos romanos de la corte visigoda».)

Ceremonial propio nunca lo vi con Leo. Leovigildo, no Messi. El visigodo imitó al Imperio de Bizancio y dotó a la monarquía de una parafernalia externa que realzaba y magnificaba la figura del rey. Pero no todo fue copia; sí «españolizó» ciertas cosas que tuvieron éxito y quedaron para siempre: monedas con su perfil, lanza, cinturón, espada, manto, anillo y corona votiva. La corona votiva es una lámpara de aceite puesta en la cabeza. Peligroso lugar para llevar velas —como bien sabía Goya, que las usaba para iluminar sus pinturas— y más si son candiles que alimentan el aceite, aunque sea del que sirve para ungir reyes. De ahí la costumbre de no ser coronado tal cual, sino de recibir la corona. Una medida antiincendios.

Y Leovigildo fue, asimismo, quien se fijó en los cristianos lo de tener trono, una cátedra desde donde juzgar, como los obispos.

La costumbre de enterrar a los reyes en panteones reales no es visigoda. Por razón bellísima, por cierto: el rey visigodo no necesita la legitimación de ser heredero, no es un isoapóstolo como Constantino, ni un dios como en Egipto. Le han elegido en vida, sometido a la Iglesia. Su muerte le confirma como un simple mortal. Y, como tal, debe ser enterrado con simplicidad, humildemente, volviendo al «humus» que es donde ha de ir lo humano.

Luego sigo con las tumbas. Dejadme terminar con los símbolos externos: títulos, caballos, carrozas, escudos, palafreneros, pendones, banderolas, palacios bien hermosos, castillos con muchas almenas, cetro, orbe, joyas, tesoro, orden de caballería, águilas y otras aves cetreras, armiño, diamantes tamaño huevo, perlas como lagrimones, escudo con derecho a ir sobre él, palios con privilegio de ir bajo él, oro para ahogarse en él. Todo eso ha ido añadiéndose y quitándose según pasaban las dinastías. Austrias más adustos. Borbones-Anjou más barrocos. Algún Saboya que no imprimió huella. De Bonaparte, no quedó ninguna parte buena o mala.

Según, las tumbas de los gobernantes o grandes personajes son un faro de identidad nacional. Suele ocurrir donde no hay reyes actualmente: Italia, Francia, USA. Todos saben dónde está enterrado Elvis, Kennedy, Voltaire, Dante, Galileo, Wagner, Kant, Lenin, Mao, Bolívar, Gardel, Cantinflas. También, a veces, dónde están Rin-Tin-Tín, Boomer, Laika, Rex, la mula Francis y hasta dónde la oveja Dolly disecada.

Se necesitan túmulos. Buscan el de Alejandro Magno sin parar. De Walt Disney tampoco sabemos mucho, pero nos gusta inventarnos sitios curiosos para sus restos.

Sin embargo, donde sigue habiendo monarquías o donde las añoran, las tumbas de los reyes son lugares de culto dinástico y monárquico: Westminster, Windsor, Sipán, Ur, El Valle de los Reyes, Saint-Denis, Wawel, los Capuchinos de Viena, San Petersburgo y un largo etc. De las tumbas de Cristo, Mahoma o Buda ni hablamos.

¿Y España? Oh, claro. Tenemos muchos sitios donde hay reyes enterrados porque tuvimos muchos durante muchos siglos y muchos, muchos, murieron. Por no decir todos menos uno, el último, que goza de buena salud aún. El Escorial parece tan imponente que hasta Franco quiso ponerse a su sombra de reyes muertos. Y cuando a Franco le exhumaron se lo llevaron —sin darse cuenta del detalle— a El Pardo, a la sombra de reyes vivos.

En España, ya veis, las sombras de tales tumbas reales son tan alargadas que han eclipsado las de presidentes varios, generales y hasta a las glorias nacionales. No sabemos dónde están Velázquez o Cervantes. El país ha ignorado a El Greco, Juan de la Cruz, Goya, Mariana Pineda, Baroja, Agustina de Aragón, Quevedo, Juan de Austria y García Lorca. Sólo El Cid, Teresa de Ávila y Gaudí están donde se merecen, a mi parecer. Dalí donde él quiso.

Dejadme terminar, que es feo hablar de entierros a persona tan joven como vos. Fijaos en un matiz curioso: a tipos como Bin Laden o Hitler no se les enterró. Se hizo perder el rastro para evitar que se concitara gente en torno a un lugar de referencia y/o reverencia. Es inútil esa precaución. No estando en ningún sitio están, por así decir, en cualquiera. Su influencia persiste, solo que no está focalizada ni localizada. Casi sería mejor contar con un lugar que permitiera distinguir a añorantes y seguidores, ¿no creéis?, aun siendo —estoy de acuerdo— algo obligatoriamente humilde. Como aquel traslado a El Pardo, desde luego, medida que vi y sigo viendo correcta. Enver Hoxa, se me ocurre, el tirano de Tirana, de su mausoleo brutal fue llevado al cementerio local, no lejos de la madre de la Madre Teresa, por cierto.

Hay un derecho al nombre, incluso al mal nombre. Y un derecho al entierro digno. Algo que vale para todas, todas, todas las fosas comunes, los arrojados al mar desde aviones, como en la dictadura argentina, los soldados desmembrados y sin identificar caídos en batalla, los sepultados del 11-S...

Sé que no va a ser su caso, pero a ser posible, muérase, Leonor, muérase oportunamente, esto es, en el momento oportuno. La 8ª sinfonía de Schubert se llamó *La inconclusa* porque, aunque bella, su autor no la pudo terminar. Sé de muchos que terminan su vida en pura fealdad. Ojalá acabe vuestra vida en belleza, como esa sinfonía que todos soñamos. Porque siempre le quedará algo sin terminar, eso os lo digo yo, experto en procrastinaciones, experto en Lope de Vega «siempre mañana y nunca mañanamos».

Vos, Leonor, a estas ocurrencias mías no le hagáis mucho caso. Elegid plaza en pudridero. Haced lo que os plazca. Aplazad la cita lo más posible. Tendréis lo que os dejen.

SOBRE QUITARSE PRESIONES DE ENCIMA

Siendo profesor de alumnos que deben examinarse para sacar nota que les permita elegir grado y universidad, he acumulado una larga experiencia sobre jóvenes sometidos a presión por las expectativas sobre su futuro y su destino.

Me cuesta trabajo imaginar a una chica española, más candidata a los terribles síntomas que la ansiedad genera, en situaciones similares que vos, Leonor.

Hace años gustaba yo de pronunciar una frase de impacto: «Haced de lo ordinario algo extraordinario». Era yo inexperto y atrevido. La lección de tal aserto queda muy bonita en un póster. Es puro artificio. La vida es mayoritariamente ordinaria y en eso estriba su encanto. Lo extraordinario merece la pena por su rareza. Pretender hacer realidad tal consejo es cargarse con un peso sobrehumano, un castigo de Sísifo.

En alguno de mis viajes de estudio a Cracovia visité el Museo Nacional de Pintura. Fui a ver *La dama con armiño* de Leonardo, pero me topé con varias obras de Jacek Malczewski, un simbolista extraordinario. Nacido en una época de sufrimiento nacional, con su patria desdibujada, les decía a sus discípulos: «Pintad de tal manera que Polonia resucite».

Leonor, vos no debéis reinar para que España resucite. Primero, porque España no ha muerto. Segundo porque resucitar a uno pudiera ser, pero a una nación entera no es tarea que pueda cumplir ningún ser humano.

Ni siquiera penséis en reinar para que España no muera. No escojáis como objetivo, ni mucho menos, que los tiempos pasados buenos se repitan y que los malos no vuelvan. Sabed que es irrefutable lo escrito por el grandísimo Jorge Manrique: «Cualquier tiempo pasado fue mejor». Irrefutable, repito. No prestéis oídos a estúpidos; mejor es, porque «ha pasado» precisamente.

El arjé de la historia quedó definido por Heráclito: «Todo fluye. Nadie puede bañarse dos veces en el mismo río». No tenga cuidado en que se repita. La conozcamos o no, jamás se repite. Nada es repetido. Repetirse es imposible. La repetición, como mucho, es parecido, similitud, copia. Se lo repito: todo fluye. Es una frase muy repetida. Poned este párrafo en vuestro vestidor.

Leonor. Si os dijera que vuestro destino no está escrito añadiría inquietud a vuestra vida. Pero es así. Así que dejadme que regrese a mis clases, donde empecé este capítulo:

Yo nunca exigiría a nadie, ni siquiera pediría, ser feliz.

Personalmente, cuando empiezo un curso sólo me impongo un propósito: que mis alumnos, aunque no aprueben, o no aprendan, o no sepa enseñarles... por lo menos se vayan pudiendo decir no que «el profesor me ha querido» sino que «lo ha intentado» con todo su corazón y sus fuerzas.

Y esa es la única obligación que vos tenéis: intentar querer a todos los españoles.

Sin presiones.

SOBRE EL MODO DE SER SALUDADO

El acercamiento físico, y el manual en concreto, puede llegar a ser muy peliagudo para una persona pública. Tiene pros y tiene contras. Si lo tiene el simple contacto visual, qué no decir de los toquecitos, apretones, palmeos, cachetes, besos húmedos y abrazotes.

Os cuento el caso de una princesa holandesa, cuyo nombre omito para que no tenga que revivir ella el mal trago. Acudió a una legendaria cuadra eslovena de caballos lipizanos, durante un viaje de Estado. Qué os voy a contar yo de esos ejemplares maravillosos de pura raza española, ¿verdad?

A la princesa le contaron que allí había un semental tan hermoso que se lo habían regalado a la reina Isabel II. La monarca británica, ahorradora ella, aceptó el regalo, pero pidió que se lo siguiesen cuidando, sine die. Ella daría permiso —y cobraría su parte— cuando los servicios del lipizano fuesen solicitados a la hora de montar a alguna yegua.

La princesa no pudo por menos que admirarse del animal. Es imponente, abrumador. Y llevada por la emoción solicitó conocer a sus cuidadores. Una fila de trabajadores se aprestaron a situarse para su revista fuera de la cuadra.

La holandesa no tenía costumbre, pero quiso mostrarse cordial y afectuosa con aquellos profesionales. Así que decidió dar su mano a cada uno, apretando al modo que se hace cuando deseas reconocer a otro mucho su labor.

Cuando llegó el turno de un trabajador fornido y simpaticote hasta se pudo observar un coqueteo mutuo. Hablaron en inglés:

– ¿Lleva mucho tiempo en este trabajo?

– En las cuadras, diez años.

– ¿Y en particular dedicado al caballo de Isabel II?

– ¿Con 085 Favory Canissa XXII? Unos cinco.

– Es magnífico.

– Sí, el caballo lo es.

– Y su trabajo.

– También. Una tarea muy especializada la mía.

– ¿Especializada? ¿A qué se dedica exactamente?

– Pues... no sé qué traducirlo... soy el que propicia... un «osemenjevalka», digamos.

La princesa se giró hacia el traductor holandés-esloveno para casos difíciles.

– ¿Qué significa «osemenjevalka»?

– Pues, alteza, significa «mamporrero», si no me equivoco.

– Mamporrero. No sé qué es.

– Sí. La persona que guía la verga del semental para que se reproduzca dentro de la yegua.

Dicen que la princesa miró —contacto visual— entonces de otra manera al mozo. De qué manera, no me consta. Pero de otra manera. Y soltó su mano —contacto manual— para pedir, con tacto, unas toallitas perfumadas.

¿Qué aprendemos de todo esto? Sin duda, que siempre hay que usar guantes cuando se realiza un trabajo sucio. Guantes para inseminar, con más motivo. Con esa precaución por medio ni mamporreros ni cirujanos, ni sexadores de pollos, ni limpiatripas, ni exobispos, han de tener reparos en apretar la mano de una princesa o similar.

Sin embargo, una princesa española debe estar presta a toda mano tendida, a toda. Y sin enguantar, que es feísimo detalle que indica que consideras despreciable la piel del saludado, tal vez sudado él y olorosa ella (y no olor a rosas).

¡Qué importante es notar la mano callosa del minero o del albañil! ¡Nada es más trascendental que acariciar el dorso de la palma de una anciana venerable, Leonor! Manos de bebés, manos entintadas, manos cicatrizadas de los pescadores. Manos de dedos amputadas, muñones tras bombas-trampas, manos temblorosas, nervudas, heladas, rígidas, blandas... todas, ¡todas! Todas merecen el tacto de quien diga reinar sobre ellas.

Si luego se las lava, o se las limpia con hidroalcohol, hará bien. Es medida lógica. Una hipoteca pequeña que hay que tener en ciertos cargos.

Pero tocad. Porque el que se muestra distante, termina lejos de los suyos.

Por supuesto, sonreíd como lo venís haciendo hasta ahora. Hay imbéciles que ahora escriben sobre sus dientes, Leonor. He leído crónicas sobre una supuesta «agenesia dental hereditaria» suya. Esto es, «que les falta espacio a los colmillos para crecer». ¡Tiene usted diecisiete años y andan con esos detalles que pueden hacer tanto daño a una adolescente! ¡Sonreíd sin miedo, Leonor! Y a esos desgraciados ya me encargo yo de mandarles a tomar por saco, pues vos no estáis para tales tareas menores.

Y no me deje acabar este apartado sin someter a su consideración el asunto de las inclinaciones.

Las inclinaciones ante los reyes son zozobrantes en general. Generan rechazo en casi todos, unos por el miedo a pasarse, otros por quedarse cortos. Otros por negarse a hacerlas, unos por congoja, otros por acojone y aquellos por sus santos cojones.

¿Qué hacer? Lo que viene haciéndose: considerar que el maleducado es producto de sus padres y/o mentores. Por tanto, se le perdona, pues se supone que no sabe, ya que no ha sido enseñado.

Pero, hete aquí la reiteración en el error. Si una vez explicado —por el jefe de protocolo— sigue empecinado en ser grosero,

¿no pasa? Sí, que pase y que nada pase. Mejor es un soberbio que un taimado enfadado, digo yo.

¿Qué ha de explicar ese jefe de protocolo a los que hacen cola para besamanos? Más que el gesto en sí —que siempre será sutil y elegante, sin romperse la columna ni los tacones de los zapatos, y sin depositar halitosis en el dorso de la mano— habría que insistir en estos extremos que paso a explicar.

Cuando uno sube a las altas montañas, donde nieva mucho, observa que los tejados se inclinan. Si no lo hicieran, ofreciendo resistencia plana, el peso los haría caer. La nieve ocuparía el interior de las habitaciones. Sería el caos.

Pues bien. La nieve es el poder. Si no queréis que os aplaste, inclinaos en cierta medida y grado. Mantendréis vuestra conciencia interior libre de ocupaciones no deseadas.

Así se inclina aquel que recibe las bendiciones de sus padres, con cariño, con sometimiento suave, con satisfacción. Un padre bendice. Un rey, no. Ante Dios no nos inclinamos por miedo, sino por deseo de ser pronunciados bien. Ante un rey no nos inclinamos por miedo, ni por bendición. Simplemente para que el peso de su poder no caiga sobre nosotros y nos acompañe siempre. Es simple. Es educación. Es mostrar de quién venimos. Es de listos.

Dejaos. Porque el que se muestra distante con su rey o con su reina, termina distanciándose de los suyos, que tanto gasto hicieron en colegios de pago y material escolar por no tener hijos ingratos.

Han pasado a mejor vida los tiempos de una corte versallesca en la que se presenciaba cómo se levantaba el rey, se vestía y se acostaba. Ni tanto, ni tan calvo.

DE RECORDAR QUE ERES MORTAL Y ROSA

Todos somos personas indistintamente de nuestra posición o situación humana. Y nadie es más importante que otro por su

clase social o su estatus. Cuando su padre casó con su madre
—se casaron uno contra el otro y con el otro— dio esta lección en vida. No se consideró poseedor de ninguna sangre azul
indigna de mezclarse. Y su madre Letizia haría mal en creer
que ella ha sido transfundida por casarse con su padre Felipe,
un rey. No somos más, ni somos menos. Y eso nos hace ser
mejores a todos.

Una vez grabado a fuego esto, Leonor, vos os miraréis al
espejo. Espejo de princesas. Reflejará vuestra sonrisa diaman-
tina, la tez sonrosada, el candor, las pupilas azules y cutis sin
acné. Ya abierta la crisálida, tal vez mariposa reina. Un asistente
tendrá preparada vuestra ropa, en función de la agenda. No lle-
varéis suelto, ni el pelo suelto ya que os lo peinarán. Si las pilas
se acaban alguien hay que las cambia. Huele a café recién hecho.
Cortan el césped fuera con tijeras. Y están escribiendo esto pensando en vos. Y quien lo hace se dirige a vos como «vos».

¿Debe una reina mezclarse con la plebe? Debe.

¿Puede una reina usar vaqueros? Rotos o enteros.

¿Qué no debe representar un monarca? Una marca.

¿A dónde sola no debe ir? A parir.

¿No pare si no hay pareja? No. Porque no es una coneja.

¿Dónde encontrará amores? Donde encuentre a los mejores.

¿Y quién hallará mejor? El que muestre buen amor.

¿De buen amor hay un libro? Lo hay. Yo lo leí y aún vibro.

¿Cuánto me puede costar? La vida cuesta bien amar.

¿Pero es de reina amar así? ¿Es sensato? Si cuesta la vida es
barato.

¿A mi nación la vida no la entrego? Primero querer. La
patria, luego.

¿Eso asegura mi suerte? Solo es segura la muerte.

¿Es que la púrpura pesa tanto? Tanto. Y más incluso,
princesa.

Junto a los césares, al entrar a Roma triunfantes, iba un
esclavo que le recordaba: «recuerda que eres mortal». Y, como

huella de aquella costumbre, el único día de felicidad inocente de su pontificado delante del papa avanza un monaguillo («el monaguillo va primero», os habrán contado la anécdota) que lleva un brasero con estopa. Tres veces en su procesión al altar hacia la misa de coronación (o su alternativa actual) quemarán la estopa que se consume rápidamente. Mientras esto ocurre, el maestro de ceremonias le dirá al papa: «Sancte Pater, sic transit gloria mundi» («Santo Padre, así pasa la gloria del mundo»). Una frase y un gesto significativo: la gloria del mundo pasa tan rápido como el fuego en la estopa. La gloria celestial es eterna y es la que buscamos.

Sois mortal. Lo sabéis. Quizás sea adecuado reservar a su abuela Sofía la misión de «maestro de ceremonias». Ella sí se atreverá a decir: «Conmigo no te pongas estupenda que te conozco, Leonor, desde que has nacido».

Mortal y rosa, además. Rosa no porque seáis mujer. Podéis llevar ese color sin duda, (que señalen tu aspecto consideradlo sexismo. Aprovechad esa paradoja de tal ideología). Mas me refiero a «mortal y rosa» como parte de los últimos dos versos de *La voz a ti debida*, poemario de Pedro Salinas: «A esta corporeidad mortal y rosa / donde el amor inventa su infinito».

Bellísima frase alternativa a la papal y a la de la sabia Sofía, emérita. Remite a los umbrales de nuestra vida y a los umbrales de nuestra muerte. Cumplan ellas esa misión de bajarle los humos si es que la estopa arde en demasía. La misión de bajarle al humus, a la humanidad. Levantad para humillaros. Igual que el resto. No tenéis nada que demostrar. Sois mortal.

Tal vez a base de repetíroslo termine por funcionar.

DE LO DE DELFOS

Pocas palabras más sabias que las de las máximas que adornaban el templo de Delfos en la Grecia clásica, Leonor. Pocas y pocas veces tantas juntas. Lo vais a comprobar seguidamente y, si me dejáis, me permitiré añadir alguna aclaración para que lo que servía a los griegos del siglo VI a. C. os sirva a vos, española del XXI. Como ya supongo que por vuestra abuela Sofía algo de griego habláis o acaso os suena, me atrevo a transcribir también las frases en el hermoso idioma de los helenos.

El oráculo de Delfos se hallaba dentro del templo a Apolo. Antes de entrar, en el frontón, tres máximas. Y en el pronaos —la columnata de entrada bajo techo— dicen que había ciento cuarenta y siete preceptos délficos o máximas píticas. Sus autores, nada menos que los siete sabios de Grecia, Tales de Mileto, Pítaco de Mitilene, Solón de Atenas, Bías de Priene, Cleóbulo de Lindos, Periandro de Corinto y Quilón de Esparta.

En el frontón del templo, fácilmente visibles, debajo a la izquierda, ΓΝΩΘΙ ΣΑΥΤΟΝ (Conócete a ti mismo), que no necesita explicaciones. A derecha, ΜΗΔΕΝ ΑΓΑΝ (Nada en exceso). Es bien sencillo de aplicar, pues basta con considerar malo todo aquello que admita delante las palabras «exceso de». Exceso de bebida, de peso, de velocidad. Exceso de democracia, de Navidad, de salud. Exceso de poder, de autoridad, de mandatos.

Añadamos algunas advertencias particulares: el exceso de amor, el de sexo (o «excexo») y el de cariño son particularmente dañinos, como ya muestran refranes y dolencias. El exceso de goles es humillante. El exceso de gases, flatulencia. El exceso de potasio, hipercalemia. El exceso de hierro, alcohol, drogas, azúcar, sal, libros (quijotismo), partidos (ingobernabilidad), funcionarios (quiebra estatal o sistema socialista), capital (alienación del proletariado), nariz, mocos, risa, alumnos (LOGSE), quistes sebáceos (adolescencia), locuacidad (Fidel Castro), oropeles (Donald Trump), Europa (Brexit), natalidad (*lemmings*), carreras (*running*), abscesos, obsesos, obtusos y excesos. El exceso de excesos, como podéis comprobar, es excesivamente reiterativo.

De nada en exceso, Leonor.

En la parte superior del frontón délfico, el famoso EN ΔΕΛΦΟΙΣ Ε (o EI), esto es «La E de Delfos». ¿Qué significa la «E»? La «E» significa la pregunta «¿qué significa la E?» que cualquiera se hace. Esto es, qué significa lo desconocido. Por tanto, la mayor de las máximas griegas consiste en preguntarse por lo que no conoces. No se me ocurre mejor consejo. Lo dice alguien que se dedica a dar clases.

El resto de preceptos son los que siguen aquí, al menos en una selección. De ellos dijo Pausanias, con expresión pausada y ponderada que «son de utilidad para todos los humanos». Consideradlos:

- Ἕπου θεῷ. Obedece al dios.
- Νόμοις πείθου. Obedece a las leyes.
- Θεούς σέβου. Respeta a a los dioses.
- Γονείς αἰδοῦ. Respeta a tus padres.
- Ἡττῶ ὑπέρ δικαίου. Sométete a la justicia.
- Γνῶθι μαθών. Aprende a aprender.
- Ἀκούσας νόει. Reflexiona sobre lo que hayas escuchado.
- Ἑστίαν τίμα. Honra tu casa.
- Ἄρχε σεαυτοῦ. Manda de ti mismo.
- Φίλους βοήθει. Ayuda a tus amigos.
- Θυμοῦ κράτει. Domina tu carácter.
- Ὅρκῳ μη χρω. No te sirvas de los juramentos.
- Φιλίαν ἀγάπα. Ama la amistad.
- Παιδείας ἀντέχου. Persevera en tu educación.
- Σοφίαν ζήτει. Busca la sabiduría.
- Ψέγε μηδένα. No censures.
- Ἐπαίνει ἀρετήν. Ensalza la virtud.
- Πράττε δίκαια. Actúa de modo justo.
- Φίλοις εὐνόει. Sé benévolo con tus amigos.
- Ἐχθρούς ἀμύνου. Aparta a tus enemigos.
- Εὐγένειαν ἄσκει. Ejercita la nobleza.
- Κακίας ἀπέχου. Aléjate del mal.
- Εὔφημος ἴσθι. Aprende a ser bienhablado.
- Ἄκουε πάντα. Escúchalo todo.
- Χρόνου φείδου. No pierdas el tiempo.

- Ὕβριν μίσει. Aborrece la arrogancia.
- Ικέτας αίδου. Respeta a los suplicantes.
- Υιούς παίδευε. Educa a tus hijos.
- Ἔχων χαρίζου. Sé generoso cuando tengas.
- Δόλον φοβού. Cuídate del engaño.
- Ευλόγει πάντας. Háblale bien a todos.
- Φιλόσοφος γίνου. Hazte amante del saber.
- Ὅσια κρίνε. Estima lo sagrado.
- Γνους πράττε. Obra de acuerdo con tu conciencia.
- Φόνου απέχου. No mates.
- Σοφοίς χρω. Ten trato con los sabios.
- Ἦθος δοκίμαζε. Examina tu carácter.
- Υφορώ μηδένα. No mires a nadie con desconfianza.
- Τέχνη χρω. Haz uso del arte.
- Ευεργεσίας τίμα. Honra la buena conducta.
- Φθόνει μηδενί. No envidies a nadie.
- Ελπίδα αίνει. Alaba la esperanza.
- Διαβολήν μίσει. Aborrece la calumnia.
- Δικαίως κτω. Obtén las cosas justamente.
- Αγαθούς τίμα. Honra a los buenos.
- Αισχύνην σέβου. Ten sentimientos de pudor.
- Ευτυχίαν εύχου. Desea la felicidad.
- Εργάσου κτητά. Trabaja por lo que es digno de ser adquirido.
- Ἔριν μίσει. Odia la discordia.
- Ὄνειδος ἔχθαιρε. Aborrece la injuria.
- Λέγε ειδώς. Habla cuando sepas.
- Βίας μη έχου. Renuncia a la violencia.
- Φιλοφρόνει πάσιν. Muestra benevolencia con todo el mundo.
- Γλώττης άρχε. Domina tu lengua.
- Σεαυτόν ευ ποίει. Hazte el bien a ti mismo.
- Ευπροσήγορος γίνου. Sé amable con todos.
- Αποκρίνου εν καιρῷ. Responde en el momento oportuno.

- Πόνει μετά δικαίου. Esfuérzate más allá de lo necesario.
- Πράττε αμετανοήτως. Actúa sin arrepentimiento.
- Αμαρτάνων μετανόει. Arrepiéntete cuando te equivoques.
- Οφθαλμού κράτει. Domina tu mirada.
- Βουλεύου χρήσιμα. Piensa en lo útil.
- Φιλίαν φύλασσε. Conserva la amistad.
- Ευγνώμων γίνου. Sé agradecido.
- Ομόνοιαν δίωκε. Busca la concordia.
- Άρρητα μη λέγε. No digas lo indecible.
- Έχθρας διάλυει. Aniquila el odio.
- Γήρας προσδέχου. Acepta la vejez.
- Επί ρώμη μη καυχώ. No alardees de tu fuerza.
- Ευφημίαν άσκει. Ejercita una buena reputación.
- Απέχθειαν φεύγε. Evita el resentimiento.
- Πλούτει δικαίως. Enriquécete de manera honrada.
- Κακίαν μίσει. Aborrece el mal.
- Μανθάνων μη κάμνε. No te canses de aprender.
- Ους τρέφεις αγάπα. Ama a quienes te alimentan.
- Απόντι μη μάχου. No combatas contra aquel que está ausente.
- Πρεσβύτερον σέβου. Respeta al anciano.
- Νεώτερον δίδασκε. Enseña a los más jóvenes.
- Πλούτω απόστει. Distánciate de la riqueza.
- Σεαυτόν αιδού. Respétate a ti mismo.
- Μη άρχε υβρίζων. No seas dominado por la arrogancia.
- Προγόνους στεφάνου. Corona a tus antepasados.
- Θνήσκε υπέρ πατρίδος. Muere por tu patria.
- Επί νεκρώ μη γέλα. No te burles de los muertos.
- Ατυχούντι συνάχθου. Siente compasión por los desgraciados.
- Τύχη μη πίστευε. No confíes en la suerte.
- Τελεύτα άλυπος. Muere exento de sufrimiento.

No digo yo que valgan todos estos preceptos hoy. Tampoco que sea posible cumplirlos todos. Y mucho menos que no se puedan añadir alguno más como «ríete de ti mismo» o «llora a gusto». Asimismo, creo que, en ciertos casos, es posible darles la vuelta, como el «muere por tu patria» que es mucho mejor en su forma «vive por la patria», el inclusivo «todo por la patria», de la Guardia Civil. O el «muere exento de sufrimiento» que más debería ser el mucho más práctico y cumplible «muere exento de impuestos de sucesiones». ¿Y qué decir del «no te canses de aprender»? Más valdría poner «duerme ocho horas diarias».

Algunas máximas se complementan, como «domina tu mirada», que viene muy bien para «conservar tu amistad», sobre todo si la mirada se desvía hacia ciertas partes del amigo o amiga, o hacia ciertas amigas o amigos ya con compromiso.

Otras, sin embargo, son de una contradicción sangrante: «aniquila el odio» y «odia la discordia». Quedémonos mejor con vencer el odio con amor y amar la concordia.

Echo de menos alguna, no muy morales sino utilitaristas, como «antes de entrar, dejen salir», «respeta el turno» (cuando alguien no respeta el turno se le da la razón como a los tontos), «festina lente» («apresúrate despacio»), «carpe diem», «desayuna fuerte», «come en mesa con mantel», «ni se te ocurra dar gratis lo que cuesta ganar» y, uno especial para vos, Leonor: «en general, no te quejes. Resultaría feo».

Todo ello, para terminar alguna vez, sin olvidarnos que hasta respetar, compadecerse, dominarse, trabajar, educar, aprender, honrar y estimar (y otras acciones que arriba se han leído) nunca serán en exceso, previo conocimiento propio y siempre tras preguntarnos si hay algo que no terminamos de conocer de nuestros actos.

Y, sobre todo, por encima de la ética, un factor incontrolable que solemos olvidar: la suerte. Lo que antes se llamaba la fortuna. De su abuelo dijeron que la tenía. Quizás más que tenerla, la «quiso tener». Al final lo pagó muy caro. Por fortuna devolvió lo debido. Para su desgracia no fue suficiente para volver a ver navegar al Fortuna.

En todo caso, no deje de leer lo que sigue a continuación.

DE EVITAR LA ESTÚPIDA MANÍA DE JUSTIFICARSE CON LEMAS PANCARTEROS Y TUITS

Viniendo de donde venimos, precisamente en estos días durante los que culmino este librito, hubo una concentración en defensa de la filosofía y contra las reformas educativas que maltratan al género en su versión académica. No fui, aunque me afectaba mucho porque soy profesor de esa materia y amigos míos colegas me incitaban a ello.

¿Apoyaba yo las reivindicaciones? Con matices. Unas sí, rotundamente. Otras no, evidentemente.

Me pasa a mí como a Groucho, que no sería socio de un club que lo admitiese a él. Ya no voy a manifestaciones. Me recuerdan a las procesionarias de los pinos. He estado en dos y regresé enfermo. Yo sólo acudo a manifestaciones (o me concentro) si yo las he convocado personalmente... y para ir yo sólo. ¿Por qué? Precisamente por la imposibilidad de matizar.

A mí me vuelve loco matizar. Me encantan las sutilezas del pensamiento. No creo en posiciones maniqueas. Opino que el otro siempre tiene algo de razón.

En una manifestación eso es imposible de respetar.

No lo sé. Quizás algún día rectifique. Soy capaz de comprender el emocionante paroxismo de manifestarse. Pero sí sé que los matices son tan difíciles de expresar que yo mismo, aquí, escribiendo, me veo impelido a explicarme (y matizar) en mi postura antimanifestación. No puedo manifestar mi postura, soy incapaz de hacerlo, más sencillamente. Mi postura es así de incomprensible.

Justamente todo nace de mi profesión, la de enseñar filosofía. Nos pasamos horas recorriendo los recovecos cerebrales, las circunvoluciones de las ideas. Después tratamos de transmitir eso en pocas palabras comprensibles: en ese tránsito se pierde mucha veracidad. Y de ahí a lo que se nos entiende, va otro mundo. La cultura del tuit —frases disparadas y posicionamientos rápidos en guerras de trincheras— no es para ciertos temas. ¿Se podrá resumir esta monografía, verbigracia, en un meme? ¿Será capaz quien ilustre la portada?

Si yo me plantase en la calle, autorizado por delegación del Gobierno, con una pancarta que dijese: «Ama y haz lo que quieras», seguro que se me añadirían muchos. Habría teólogos agustinos y partidarios del polisexo entre ellos. Algunos coincidirían en la misma persona, por cierto.

Pero lo de manifestarse físicamente ya no se lleva mucho. Han quedado los malos hábitos solamente de tal actividad. Así, por desgracia académica, hace años que los alumnos aprenden ética de otro modo: por Twitter y demás redes.

La única opción que tenemos es enfrentarnos a ello con nuestras armas ancestrales: la mayéutica socrática. Vamos a su terreno, pero elegimos armas.

Yo creo un WhatsApp para la clase y dejo que se confíen hasta que, no tardando mucho, un alumno suelta algo interesante. Por ejemplo:

– Profe venga di si hemos aprobado o suspendido
– Espera a mañana.
– Necesito saber tu nota. Ahora más que nunca

(Él no lo sabe aún, pero acaba de picar).

– ¿Dices «ahora más que nunca» por ti, o te lo han dicho otros?
– Vale, me has pillado. La clase insiste. Soy el delegado.
– Comprende que «ahora más que nunca» es mejor que «mañana más que ahora», que es lo que te propongo.
– No entiendo. ¿Puedes hacerme un croquis?

- Sí: «Hoy no, mañana».
- Porque si dices las notas hoy no sufriremos hasta mañana. Vengaaaa, yaaaaa
- ¿Es mejor sufrir hoy que mañana? ¿O mejor no sufrir nunca?
- Es mejor no sufrir nunca.
- Y aun así quieres sufrir ahora.
- ¿Es que he suspendido?
- No lo sé. ¿Sufrirás por suspender?
- Claro.
- Pero si apruebas serás feliz.
- Exacto. Feliz mejor ahora que mañana.
- Mejor ahora, o mañana, que nunca.
- No. Mejor ahora. Mañana no.
- Tal vez quieres saber las notas ahora sólo si apruebas. Y dejarlo para mañana si suspendes.
- Ah, ya, profe. No me dices las notas porque he suspendido y prefieres que lo sepa ahora para que no sufra hasta mañana.
- Prefiero que no sufras ahora más que reír mañana. Eso seguro.
- Qué se le va a hacer. Estudiaré más la próxima vez
- Empieza a estudiar ahora. Mas que nunca. Y serás feliz un día.

¡Qué maravilla esta, la mayéutica, este juego preguntas y respuestas universales que, como ciertas herramientas, sirven para cualquier situación! ¡Las cintas americanas de las citas, citas americanas! ¡Las navajas multiusos suizas de la ética!

El recurso a la frase hecha tiene otro corolario peor. Hay quien decide actuar de determinada manera y entonces busca, *a posteriori*, una frase inspiradora para justificar sus actos. Es algo muy frecuente en los asuntos románticos y nada románticos. Por ejemplo, un compañero de Lengua de un instituto en el que estuve, se lio con otra profe del mismo departamento, estando ambos casados y la esposa de él recién parida. Entonces publicó en su «estado de WhatsApp»: «Muchas personas no logran que suceda nada realmente nuevo, como encontrar una pareja o descubrir otra vocación, porque contemplan su vida en clave de pasado». Y añadía: «Teoría U de Otto Scharmer: "hasta que no dejemos ir el pasado no llegarán los regalos del futuro. Sin *Let It Go* (dejarlo ir) no puede haber *Let It Come* (dejarlo venir)"».

Como yo me había enterado del asunto —como todo el instituto y parte del extranjero— y estaba afectando al funcionamiento escolar, me metí en medio. En qué horita. Convencí al que ponía la música del instituto durante los cambios de clase de que pusiera *Let it be* de los Beatles. Era un cebo demasiado goloso. En el recreo este colega llegó a la cafetería tarareando la canción. Y yo le dije:

– *Let it be* es un temazo, tío.
– Sí, me encantan los Beatles.
– McCartney la compuso cuando se estaban ya separando prácticamente. Pero juntos aun parieron esta maravilla.
– Sí. Fue una gran pérdida para la música.
– Debe ser difícil mantener a cuatro unidos.
– Supongo.
– ¿Qué habrías dicho tú a los Beatles si hubieras estado allí? Sé que eres un gran fan.
– Joder, Ignacio, siempre filosofando… Pues precisamente lo de la canción: «Déjalo estar», no lo cambies si funciona. No toques el invento…
– …que la cagas. Es verdad. Entonces, ¿no habrías dicho «deja ir el grupo», deja que vengan grupos mejores?
– ¿Mejores que los Beatles? ¿Estás de broma?
– Ya. Es imposible. Pero tal vez les podían haber propuesto: «Tocad en otros grupos un tiempo vuestros instrumentos y luego regresáis juntos. No rompáis del todo».

– Eso no habría funcionado. La mezcla de los Fab Four era única y daba criaturas increíbles. Su historia lo demuestra.

– Yo no lo habría dicho mejor. Pero los Beatles habían hecho ya cosas en solitario estando juntos, bastante buenas... Podrían haberse mantenido en ese plan un tiempo, separados pero tocando otras cosas.

– ¡Siempre lo he pensado, tío!

– Cierto, debían haber dicho: «Mira, lo dejo porque no saco del grupo lo que necesito». Habría sido lo más honesto. Hacer otra cosa sería engañar. Muy feo.

El muchacho aquel me tocó el hombro de modo cómplice:

– No sabía que pensábamos igual en esto, tío.

Y se marchó sin pagar su café, que pague yo. Entonces sonó el timbre de vuelta a las aulas y los Beatles me lanzaron de nuevo su lección para ese día: «Déjalo estar».

Ante el encelamiento, ya no es hacer un croquis. Se necesitan un par de tortas «bien dás». ¿Por qué cerramos los ojos y seguimos viendo fantasmas?

DE TENER O NO TENER PARA SER O NO SER

Estoy dudando si proponeos que seáis pobre. Usted puede serlo más que nadie. El Patrimonio Nacional ya cuida de palacios y residencias. A cambio de que nos pertenezcan a todos, pagamos sus cargas.

Pero no puedo pedir pobreza, ya que yo no cumplo, así que le propongo quedarse en altísima funcionaria del Estado, con buena paga, horario de trabajo, vacaciones y extras. Empleo fijo, para toda la vida, que deje una jubilación decente.

Mucho mejor que ser rica. La reina de Inglaterra o el rey de Holanda poseen grandes fortunas. ¿Para qué las quieren? Solo tiene algo bueno: que se han vuelto reyes ahorradores, de los que van apagando luces en sus castillos.

Muy verdadero es lo que escribió el sabio arcipreste de Hita sobre que «quien non ha dinero non es de sí señor». Y aun antes Cicerón dijo: «Es libre quien se lo puede pagar de su bolsillo». Admitamos, pues, que tener dinero no es malo. Lo malo es tener mucho. «Nada es más peligroso que la riqueza sin poder» tampoco es mala cita. Es del gran sabio Ernst Junger y lo escribió a los noventa y cinco años. Gozad vos de un «poder pobre», que combina todas las virtudes.

La asignación real es discreta pero suficiente. Conseguirá muchas invitaciones de gente deseosa de halagarle. La vanidad ajena es una aliada para usted. Mientras deje claro a sus amigos que un amigo no es un contratista ni un intermediario, será aceptable. Sus viajes resultarán caros, es verdad. La seguridad cuesta. Lo mismo o menos que la de un presidente de República, pero cuesta. Entonces viaje aprovechando las visitas oficiales. Sea pobre. A su trabajo acuda y con su dinero pague. Si usa el metro de vez en cuando, la clase turista, alquile un coche o se tome una hamburguesa, sin avisar a nadie, sin que le acompañen fotógrafos... Quedará como un rey. Le tratarán como una reina.

DE VUESTRA RELIGIÓN

Una de las menos conocidas utilidades de la monarquía hereditaria es el fomento de la natalidad. Ya sabemos que no es obligatorio que el rey o reina tenga hijos. Puede no querer o no poder. Ha habido muchos casos como el rey de los belgas, Balduino y otros, menos, de monarcas que han optado por el celibato estricto, igual que hay papas, por ejemplo, que lo han hecho también.

Ningún problema con ello. Sin embargo, tales excepciones se sustentan en que otros familiares sí se reproduzcan adecuadamente. De no ser así, se acabaría la dinastía. Al final, una familia real es una familia real.

Una institución que defiende, (colateralmente, pero la defiende) la maternidad y, en cierto modo, la natalidad (hijos, heredero y repuesto por si acaso), será atacada por los adufes, necios y panderetas del mundo de hoy. Recuerdo aquel manifiesto de Marx que propuso eliminar «la familia burguesa». La suya es real-burguesa, seamos precisos. Por ello la monarquía es identificada con otras instituciones que hacen bandera de tales ideales familiares: la Iglesia, Disney y la mafia.

No es extraño, pues, que algunos odien particularmente a la Iglesia católica y a la monarquía, incluso allí donde no existe «monarquía católica». Todavía, siglo XXI, se puede leer a algún pontonero asegurar que diez millones de electores son «nacionalcatólicos».

Si usted es católica —que puede serlo de verdad más allá del acto social de su bautizo— ¿será católica su monarquía? No. Lo fue en el pasado, como se sabe sobradamente, pero no es necesidad legal el que siga siéndolo.

Hoy, bajo el amparo de la Constitución del 78, no hay Estado confesional católico. Es lógico y normal. La monarquía española podría ser atea, luterana o budista. Nada cambiaría. Nada.

Quizás algunos católicos se molesten. Algunos católicos, ya lo sabéis, se molestan por todo, en realidad, especialmente con otros católicos.

¿Sería mejor, como estrategia, mostrarse aséptico en lo espiritual? ¿Estáis obligada a ser «neutral»? ¿A ser «aconfesional» su propia persona? Yo diría que no. Ser aconfesional es como ser afranquista, acomunista, abiótico. No vive, pero deja vivir. Tan absurdo sería escandalizarse por verla comulgar en misa como pretender que presida «autos de fe» en la Plaza Mayor de Madrid mientras toma un *coffee with milk* o un bocadillo de calamares. Lo que algunos llaman aconfesional es en realidad «iconfesional», que es lo mismo que «irreal». Y lo irreal no va con su realeza.

El catolicismo, Leonor, es la religión más adecuada para una democracia española. Eso ni lo dude. Dude de su fe, que está para eso, pero de su religión no. Por su parte, los católicos no siguen una religión para elegir entre monarquía o república. Los católicos «asumen» la monarquía o la república donde habitan, que es algo muy distinto. Otra cosa es que deseen el cambio de toda dinastía por una sola (el final de los tiempos implicaría eso), y la finalización de todas las repúblicas ante la llegada del reino de los cielos.

Déjese de tonterías. Profese y hasta practique su religión sin problemas. Conozca tal fe —qué menos— con nivel superior al de una alumna de formación atea que contestó que «Jesús nació en el belén y se dedica a morirse». o un universitario que se compró en eBay una Biblia firmada por su autor. Es otra consecuencia del fomento de la incultura el prohibir poner belenes en una escuela o retirar cruces de las calles.

Podéis acusarme de ser cínico, pero más bien soy práctico: los mecanismos de matrimoniar y desmatrimoniar de la Iglesia católica están muy pulidos, y son utilísimos ante los cientos de imponderables en asuntos donde la herencia y la tutela se vuelven centrales. Fíjese, por ejemplo, en cuántos líos se metería si usara otras costumbres: de arrejuntarse en pareja, ¿tendría el otro algún papel institucional? ¿Y si cambiarais con asiduidad? ¿Y si casarais con viudo con hijos, los adoptaríais? ¿Y si los adoptarais, adquirirían derechos dinásticos? Y, ya que no hay distingos entre hijo natural, legal e ilegítimo (muy bien nos parece y también a Mariana le parecía), ¿qué hay de los nacidos extramaritalmente? ¿Les nombramos duques de Austria? ¿No sería feo hacer de menos a los hijos aportados por el otro? Y si casara civilmente y se divorcia después, ¿no podría ser grave la alienación parental sobre el ser heredante? ¿Pasaría a ser «regente» la persona separada en caso de menor edad del ser heredante? Y en caso de poliamor legalizado, ¿cómo elegir o cómo dividir las funciones de representación? ¿Y en caso de poligamia? ¿Y en el de poliandria? ¿Y en el de matrimonio musulmán con harén?

¿Lo veis? Las cosas son como son hasta ahora por algo, *ex illo tempore* y hasta *ex nihilo*. ¿Que si no hay algo hermoso en experimentar novedades? Con gaseosa, sí. La monarquía busca supervivencia.

Aparte de motivos tan curiosos como los explicados, ¿vuestra religión ha de ser practicada en privado siempre? No. Presidid sin remilgos funerales de Estado, pues adquieren ese rango cuando acudáis a ellos a mostrar respeto a víctimas cristianas o no cristianas. Pedid por el alma de esos muertos, vos creyente a vuestro Dios, como pido yo por cualquier persona a mi Dios, haya muerto o no (una persona o Dios mismo, en eso no entramos por el momento). La única condición es que tales actos no dañen a los fallecidos en su fama o en sus deseos póstumos. No estaría bien hacer vudú, ni forzar que a estén *córpore insepulto* los restos mortales de un musulmán en una ceremonia funeraria hindú, o sus variantes. En Navidad, felicite a quien le plazca y hágalo como le plazca, con imagen de un belén o con la suya propia. Incluso siga concediendo cruces de Carlos III a trote y moche. Alguno habrá al que le joda bastante que le ponga bajo una cruz. No haga mayor problema de ello.

¿Puede hacer actos no-confesionales o interreligiosos? Puede, faltaría más, cumpliendo la condición ya dicha. ¿Debe? Obligada, por ley, no está a ir a ningún acto, como si no quiere casarse por la Iglesia o como si adora celebrar ceremonias satánicas.

A mí no me gustaría que participaseis en reuniones de la secta Moon o de la cienciología. Pero supongo que hubo romanos que no vieron con buenos ojos que Constantino se convirtiese al cristianismo, como lo hizo Recaredo después entre los visigodos. Tampoco disfrutaron mucho los súbditos cristianos de la actitud antipapal de Federico II, Barbarroja, ni Tomás Moro y compañeros mártires cuando Enrique VIII se convirtió en cabeza de su propia Iglesia. Y, creedme, podría llenar cientos de páginas con ejemplos de casos en los que *cuius regio, eius religio*, reinos que siguieron la religión de sus reyes.

Pueden arreciar las críticas de ciertos papanatas de piel fina que ya conoceréis a su debido tiempo. Los tiquismiquis hablan que no paran de que el acuerdo Iglesia-Estado de 1976 es anterior a la constitución (porque se discutió al tiempo que se discutía esta, aunque se firmó casi un mes después de aprobarse la carta magna del 78. Es un argumento infantil, como protestar porque el texto constitucional se hubiese escrito antes de votarlo), de las inmatriculaciones, del nacionalcatolicismo o del derecho de presentación de obispos. Los «tolilis» proponen prohibir procesiones en Semana Santa o de sacar vaginas gigantes en pasos para contrarrestar la ofensiva actitud de los que llevan tronos sobre sus hombros. Los modales hacen a las personas. Las hacen más agradables. Vos acudid sin dudar a acto tan simbólico como la ofrenda al apóstol Santiago realizada por el rey y contestada por el arzobispo. Sin discutir tocará las narices a quien les gusta tanto tocar las de otros.

¿Las repúblicas no son para creyentes acaso? Depende de cuáles hablemos. Los americanos tienen a gala no tener en cuenta qué religión sigue el presidente (siempre que sea una religión y presuma de practicarla. Hasta día de hoy). Hay otras repúblicas de cristianos y otras de «ronaldos», pero juegan juntos sin enfrentarse. Aunque los chinos actuales no lo tienen tan fácil. Si allí profesas un credo no comunista lo puedes llevar crudo, en especial los budistas, los de Falun Gong, los católicos de la Iglesia no oficial o, básicamente, todos.

Esto de la religión del jefe de Estado, como se ve, admite grados. El grado en que vos reguléis la vuestra tendrá que estar entre lo marcado por la constitución que tengamos.

Para todo lo demás, sentido común, respeto a todos y derecho a vuestra libertad religiosa. No es, no va a ser y no debe ser «reina católica». Puede ser «una católica que reina». Sí estáis obligada a reinar como si lo que hace una reina pudiera servir para algo, como si una reina lo fuese de todos.

Vos no sois una apóstola, ni la hemos ungido en su coronación. No sois reina por la gracia de Dios. Y mejor para vos, pues el verdadero ungido no ha venido a ser servido sino a servir. Vos no estáis para servir, sino para ser servida, que no es ni bueno ni malo. De hecho, con lo mal que está el servicio, cuidaos mucho de no ser servida vos misma en bandeja de plata.

DE SI SOIS RESPONSABLE DE LO HECHO POR SUS PREDECESORES O DE SI AL JURAR COMO REINA SE HACE BORBÓN Y CUENTA NUEVA

En toda familia uno se siente orgulloso de lo que hicieron sus antepasados, si lo que hicieron fue heroico, beneficioso o positivo (en orden descendente de orgullo). Parece injusto cargar con deudas, llevar sambenitos o ser culpados por errores ajenos. Uno no es responsable de los éxitos o fracasos pasados. «No puedes permitir que las equivocaciones de tu padre definan tu vida. Tienes que decidir qué tipo de rey quieres ser», insiste la novia de *Black Panther* en la película de Marvel.

Sin embargo, la monarquía suya es una institución familiar. Podría no serlo, —como la de *Black Panther*, en la que se alcanza la realeza de Wakanda a base de vencer en un reto sobre una catarata— pero la suya lo es. Heredáis por ser «hija de». Resulta congruente que asuma un cierto compromiso con el pasado. En la misma línea que se exigen incumbencias a los líderes consecutivos de un mismo partido político (tratan de huir de ellas refundándose o cambiando de sede, nombre o líder). Igual que una empresa no queda eximida de pagar sus deudas con la muerte de su dueño. Similar al deber de pensión de alimentos y compensatoria de los padres separados sobre sus hijos cuando se divorcian.

No vale decir «yo no he sido». Vos sois porque otros han sido. Por tanto, sois. De casta le viene al galgo. Como a caballos, toros, ovejas y demás animales de los que procuramos seleccionar buenos genes. Procuramos, pero no eliminamos legados de enfermedades mentales, vicios, sordideces, depresiones, traumas o ruindades. Eso se mejora sólo con educación e higiene, me temo. Heredar es no empezar desde cero y tener heredero es no acabar a cero. La tradición es útil y es gravosa a la vez.

Establecido este axioma, digo a los ciudadanos que es de alta gallardía conceder el perdón, olvidar el daño y hacer, de las deudas, amortización. Vos también merecéis los mismos mecanismos que aporta el derecho español a todos los demás: existe el «principio de responsabilidad penal». Existe la ley «de la segunda oportunidad», la «quiebra financiera». También uno deja de «dar la paga» a un hijo gorrón que no se quiere independizar. Y se deshereda al imbécil de marca mayor en lo que te dejan.

¿Cuándo hacer «Borbón y cuenta nueva» y cuando ser revanchista?

Según se deriva del estudio de nuestros ordenamientos, caben dos actitudes morales sobre «lo ocurrido que nos afecta hoy en día»: en 1813 se aprobó en Cádiz una ley para abolir la Inquisición española y sus delitos derivados. Con los altibajos conocidos, fue aplicada de modo definitivo en 1834 (se abolió la Inquisición oficial, pero otra ha sido recientemente refundada por enésima vez con el nombre de «prensa digital», parafraseando a Oscar Wilde). No entraremos en arduas explicaciones, pero parece lógica dicha abolición dentro del encaje constitucional de Cádiz, liberal y soberanista, ilustrada y democrática. Por esa ley se restituyen dignidades, se eliminan vetos por herejías y se sanan heridas.

En 2007 se aprueba una «ley de memoria histórica» en un contexto muy diferente.[6]

Y, repito ahora, ¿cuándo hacer «Borbón y cuenta nueva» y cuándo ser revanchista? Voy a hacer una lista:

– Borbón y cuenta nueva, una vez que ya sabemos que don Juan Carlos llegó al trono mediante la Ley de Franco número 62/69 de 22 de julio, en cuyo artículo primero se dispuso: «Al producirse la vacante en la Jefatura del

---

6 Véase «Hay censura».

Estado, se instaurará la corona en la persona del príncipe Don Juan Carlos de Borbón». Se olvida lo que hubo antes de Franco y lo que pasó después de la Constitución de 1978 y todo lo demás.

- «Borbón y cuenta nueva», cuando tras exigir —y autoexigirse— un muy escrupuloso comportamiento y ejemplaridad al rey, se demuestra que uno de ellos no lo ha sido tanto cuando ya es emérito, persecuciones interesadas de fiscales aparte. Entonces «hágase justicia y húndase el mundo», o si se prefiere «que reine la justicia aunque todos los sinvergüenzas del mundo perezcan por ella». Pero que no se derrumbe sobre hijos y nietos, como si estos fuesen capaces de evitar los actos de sus mayores.
- «Borbón y cuenta nueva», en definitiva, en todo aquello que se le haría borrón de cuentas a un Suárez, un González, un Aznar, un Calvo-Sotelo, un Rodríguez, un Rajoy o un Sánchez. Ni más, ni menos.

Y… ¿para cuándo un borrón definitivo, es decir, borrar al Borbón? Podría ser. Solo que ello no significa «una vuelta a la república» necesariamente. Veamos, usaré esta comparación: El Real Madrid y la monarquía pueden ser relacionados. Cuando el equipo va mal hay que esperar un tiempo para cambiarlo por otro. Como pasa con un partido político hasta que llegan las elecciones. El entrenador es el que «paga el pato» y le echan cuando va mal; para eso está la moción de censura a los gobiernos. Un rey es el presidente del club. Dimite sólo si la crisis es absoluta. Abdica del mismo modo. Pero eso no implica que el Real Madrid deje de ser «real». Puede llegar otro presidente. El objetivo máximo de un reinado es prolongarse en el tiempo o en los sucesores. Fracasa si así no sucede. Tanto es así que, para asegurar una futura restauración, se accede, incluso, a una abdicación aplazada, como D. Juan, conde de Barcelona. El Real Madrid, en los años de la república, pasó a llamarse Madrid CF y representó muy buen papel. Lo que ya si que no es que cambie de nombre y se pase a denominarse «Atlético de Madrid». Eso ya es cambiar la esencia y mandar todo al carajo.

Porque, verá Leonor, proclamar una tercera república es como declarar la independencia de una autonomía, cosa de niños. Lanzar bravatas las lanza el peor de los rufianes. Otra cosa es realizar el cambio. Las autonomías deben ser, etimológicamente, «atómicas»: no se pueden partir más. ¿Sabe usted que primero se inventó la lata y años después el abrelatas? Conservar una idea sin tocarla es fácil. Lo difícil es alimentarse de ella.

En fin. Tristemente el actor de *Black Panther*, Chadwick Boseman, murió apenas con cuarenta y tres años de un cáncer de colon. Una enfermedad a la que, al parecer, estaba genéticamente predispuesto por herencia familiar. La vida impone un extraño equilibrio entre quienes nos hacen ser lo que somos y lo que seremos.

DE QUÉ TRABAJAR MIENTRAS LLEGA LA HORA DE TRABAJAR

«No se puede llamar "trabajo" a algo de lo que tus padres no pueden ser clientes», dijo una en la tele dentro de un programa de cotilleo (fue Laura Fa, profesional en lo suyo y mucho, pero mucho, mejor persona). Hablaba de una *celebrity* que ha decidido venderse en forma de productos audiovisuales dentro de una red de pago (Onlyfans se llama. Hoy estoy por enseñarlo todo gratis).

No estoy de acuerdo con Fa. No tengo fe en Fa. ¡Fíate tú de Fa! Para presumir de liberales, a veces la telebasura es la más puritana y mojigata. El criterio propuesto es pueril, fofo y maloliente. Es fétido, Fa. Es feo y fútil para mí, Fa. Sola has ido a encontrar tal conclusión. Yo no la comparto, salvo en el caso que paso a desvelar.

Una ventaja psicológica de ser heredera de un reino es no tener que pensar qué ser de mayor. Pasaba en todos los gremios medievales y pasa hoy entre hijos de famosos (que se venden como famosos de repuesto), hijos de cantantes (que se compran un Auto-Tune), hijos de farmacéuticos (que les traspasan farmacias) y otros hijos que no quiero calificar aquí.

Olvidemos tal privilegio y pensad en qué dedicar los años que faltan hasta vuestro acceso al trono, *ad multos annos*.

¿Cualquier trabajo es bueno para una princesa antes de ser reina? Ser princesa es trabajo a tiempo completo y sus padres pueden ser «clientes» suyos; quiero decir «ciudadanos» de su Estado-reino. Ahí no hay problema.

Pero, siendo princesa, quizás por imagen, ¿tiene prohibido ejercer alguna profesión más? ¿No le podría dar por ser escultora, escritora de cuentos infantiles, cooperante de UNICEF, viticultora ecológica o enfermera de la Cruz Roja? Muy obvio, ¿no? Algo más arriesgado, ¿capitana de submarino, pilota de carros de combate o helicópteros de rescate, parte de la soldadesca u oficialidad de un ejército, miembro de la UME, bombera? Astronauta sería «cuqui», porque lo anterior está muy visto y sigue siendo obvio. Tornera-fresadora, abogada, dramaturga, camionera, CEO, emprendedora, artista, DJ, modelo, actriz, erotóloga, cantante, humanitaria, activista, inversora, creadora (en resumen, Paris Hilton), dentista, criminóloga, *youtuber, instagramer, it girl, traveler* (en resumen, Guiribitey)... Todo lo expuesto sería entrar en el rango medio de riesgo.

¡Más riesgo, más! ¿Qué tal médica en prácticas? ¿Profesora de la ESO? ¿Especialista de cine? La cosa se complica. ¿Y presentar un telediario, como su madre? ¿Jugar al balonmano profesionalmente, como tío y sobrino? ¿Llevar una consultoría, una gestoría, una agencia inmobiliaria? ¿Diseñar zapatos o webs? ¿Coleccionar arte? ¿Curar exposiciones en museos? ¿Restaurar cuadros? ¿Asesorar en muebles de anticuario?

Todo se me queda corto, anodino, poco irreverente. La proctología, la ginecología o hasta el maquillaje de muertos me parecerían poco interesantes. Lanzaos al proceloso mundo de los expertos en blanqueamiento anal. Probad con la curandería del mal de ojo. Y, hablando de ojos, meted el dedo en el ojo a media España y haceos organizadora de safaris, taxidermista, torera, biógrafa de Curro Romero, dueña de un zoo o circo con animales o rehabilitadora de homosexuales. O meted el dedo en el otro ojo —el tercero ya— a la otra mitad de España y volveos activista medioambiental, chica Almodóvar, naturalista especista o reprogramadora de nazis. O *drag queen*. *Drag queen* sería un muy buen aprendizaje, mire vos.

Lo que queráis. Como queráis. En una noche de Reyes se os concederá lo que sea. Excepto una cosa. Una cosa en la que vuestros padres no podrán ser clientes, bajo ninguna circunstancia, porque ni a un rey ni a un padre, ni a una reina y madre, se le causaría tal desdoro y resultaría ilegalísimo e indecorosísimo. No sea usted representante política. Eso nunca, eso no. Eso jamás.

Cualquier cosa, menos quedar señalada en Cortes. Todo menos manchar su imprescindible neutralidad futura. A la presidenta de una república sí se lo permiten. Pero vos, no. No estropeéis vuestra constitución trabajando en ese club de alterne electoral de diputados y diputadas. Alterne y alternancia, ambas cosas son ciertas.

Ante tamaña prohibición no os entristezcáis. Al cabo, sólo vos podéis ser reina. Algo que, por muy multimillonarios, trabajadores, estudiosos o violentos que resulten, nunca podrán ser los demás. Dejaos de darle vueltas: reinad y que sea lo que Dios quiera, que es mucho mejor.

DE LA CLARIVIDENCIA

Mis alumnos no han visto jamás los premios Princesa de Asturias, ni leído el *Hola*. Y si no llegáis a mis alumnos no existiréis. Pero, ¿cómo hacerlo sin convertirse en una *instagramer*, *youtuber* o *influencer*? ¿Cómo, sin filtrar conversaciones con un amante queriendo ser su támpax? Ser popular es lo opuesto a ser monarca, por definición. Pero sin ser popular la monarquía no será. Todo por el pueblo, para el pueblo, pero sin ser pueblo o populacho. Difícil tarea. Ocupar espacio en medios es tan valioso que hizo más por la monarquía británica el *annus horribilis* (con la muerte de Diana, incluida) que mil actos públicos inaugurando jardines. Los viajes oficiales, los discursos en Navidad, las bodas, la presencia en catástrofes, presidencias en desfiles, posados veraniegos, plantacines de arbolillos y corte de cintas varias, siendo necesarios, no son suficientes. A cambio, basta con ser grabada en video borracha y vomitando, disfrazada de nazi, cazando un elefante o pisando una mierda, para que se tambalee la institución. ¿Injusto? Puede ser injusto, pero consideradlo, Leonor, tal y como digo.

Expertos en mercadotecnia asesoraron a Lady Di, antes citada: «Sea usted buena. Fotos junto a la Madre Teresa de Calcuta. Vístase de Prada, de Gucci, de Dior, pero después desentierre bombas personales en la antigua Yugoslavia. Y, sobre todo, cuente en una entrevista cuánto ha sufrido».

Mirad, Leonor. Hay una fuerza irresistible para atraer voluntades: la compasión. Es bueno dar pena. ¿Os resulta escandaloso? Préstame el beneficio de vuestra escucha.

¿Y si vos fuerais más débil que fuerte? ¿Y si vos parecierais ser más débil que fuerte? La compasión es una reacción eminentemente humana. El prójimo no es un accidente en nuestra vida, sino nuestra sustancia. Porque somos amados, somos.

Y digo prójimo. No digo lejano, no digo alteza. No. Leonor, ya no seréis una reina-diosa, intocable, inaccesible. Las hubo. Vos no lo seáis. Déjenos ser sensibles a sus dolores, captar sus dones, conocer sus debilidades, entender sus matices, asumir sus estados de ánimo, compartir sus posibilidades. La mayoría de los humanos —excepto los psicópatas— saben leer lo que le pasa al compañero. Es nuestra gran cualidad. En educarla gastamos años y años.

¿Y para qué? Para lo malo y para lo bueno. Los malvados quieren conocer las debilidades ajenas para aprovecharse de ellas. Si una buena persona las llega a conocer seguro que ayudará a aquel que sufre.

Si «el futuro no me es indiferente», parafraseando a Blas de Otero… si, escuchando a Terencio, «nada de lo humano me es ajeno»… entonces cada uno tiene algo que hacer y que decir frente al sufrimiento del otro. Leonor, ya os lo dije: sed una necesitada, sed pobre. No como la idea filantrópica del negrito de África, del pordiosero de acera, del *homeless* empujando un carrito. Sed un ser humano que sufre y sobre el cual se puede volcar la compasión de sus semejantes, acompañarlo, procurar colaborar frente a su dolor. Pobre es el que despierta deseos de ser ayudado. De ser apoyado. De permanecer junto a él en el destino doloroso. Incluso Trump el día que acepte haber perdido.

El mayor amor es el mayor sacrificio. Dar la vida por quien amamos y seguir viviendo, aunque murió el amado. ¿Acaso no es esa devoción, —superior a la devoción ibérica— la que tanto admiraron los romanos? ¿No la intentan copiar los cardenales respecto al papa, la Guardia Suiza hacia el pontífice? Esa es. Es esa.

¿Aun no notáis dónde está la «clari-videncia»? No en dejarse ver, sino en ver con claridad. Elegir qué va a hacer cada persona entre las líneas de este mundo dejado de la mano de Dios:

> Voy a hacer como si usted siguiera existiendo. Voy a hacer como si usted pudiera volver a existir. Voy a hacer como si jamás hubiera existido. Voy a hacer para que nunca vuelva a existir otra como usted. Voy a hacer como si pudiera vivir sin que usted exista. Voy a hacer como si vivir es que usted exista para mí. Voy a hacer como si fuera preciso estar vivo para existir.

DE LOS FALSOS MITOS QUE PUEDEN CONTARLE SOBRE VUESTRO REINO

Yo soy muy partidario de conocer bien los mitos. Enseñan muchísimo y de forma muy entretenida. Tienen características bien definidas y utilidades claras. Por eso han sobrevivido al paso del mito al logos en prácticamente todos lados.

Sin embargo, me muestro muy reacio ante los «falsos mitos». También hay que conocerlos, pero para desactivarlos. Hay falsos mitos en forma y en fondo. Los falsos en forma son menos peligrosos: cuando se llama «mito» a Nadal o a Messi, por ejemplo. Por excelentes que sean, lo real no es mito. Punto. Y mitificarlos es empequeñecer sus méritos. Tan injusto como endiosarlos, que implica sobredimensionar sus logros.

Los mitos «falsos en fondo» son los que me preocupan.

Y en concreto hablaré de los falsos mitos que afectan a España y que quizás le cuenten a vos:

El primero es el falso mito de Notting Hill, llamado así por la película donde se pronuncia. Cuando la actriz famosísima es rechazada por el librero anónimo, este arguye lo siguiente: «Todo el mundo te conoce. Y mi madre a veces no recuerda mi nombre».

En realidad, toda la escena vale para ejemplificar esta gran mentira: una princesa como vos sí puede enamorarse de un plebeyo. Eso es normal y ya ha sucedido en su familia, por ejemplo, con Eva Sannum. ¿Le advirtieron a su padre que era mala elección? Salvo los que hacían planes de destruir la monarquía, todos con dos dedos de frente.

¿Hizo bien Eva en resistir a la tentación muy real de casarse con el heredero de España? Sí. Pero no por no ser ella casi nada y él casi todo (argumento falaz y asqueroso), sino porque no habría salido bien. Punto.

Para asegurarse de que vos os casáis con quien amáis, debéis ponerle a prueba durante un largo noviazgo. Punto y final. La prueba será la presión mediática y la medida de su capacidad de sacrificio. De pasarla, su novio pasará toda su vida bajo esa espada. Mejor será que sepamos pronto que la va a soportar.

Vuestro novio puede negarse ante la propuesta de compromiso. Y, por favor, que lo haga antes de casamiento, que salen muy caras las bodas ficticias y los divorcios reales. ¡Pero bajo ningún concepto que alegue el falso mito de Notting Hill! Que no diga «todo el mundo te conoce y mi madre a veces no recuerda mi nombre», porque en cuanto salga con vos le conocerán hasta en la tundra.

Segundo mito falso: ese de que la españolidad está representada por el *Duelo a garrotazos* de Goya. Esas figuras negras no están enterradas hasta las rodillas (es un efecto causado por el traslado de los frescos, como pasó con el impresionante *Perro semihundido*). Y, además, puestos a comparar, un duelo a garrotazos no es tan letal como uno a pistolas. Goya dibujó esa obra en su Quinta del Sordo durante una época oscura debido a la invasión francesa. Tenía el aragonés derecho a ser pesimista, como optimista fue años antes pintando *La gallina ciega*.

Un tercer falso mito es muy curioso. Hablo de «la hispanibundia». Su creador, el escritor catalán Mauricio Wiesenthal define así a

> [...] la vehementia cordis (vehemencia del corazón) que, según Plinio, distinguía a los hispanos. Con hispanibundia reaccionaron los teólogos de la Contrarreforma frente a las tesis de Lutero. Movidos por la fiebre de la hispanibundia se aventuraron los conquistadores en los desiertos, en las santas cordilleras y en las selvas del Nuevo Mundo. La hispanibundia arrojó a nuestra armada Invencible contra las costas de Gran Bretaña y de Irlanda. Y con un dolor hispanibundo se escribieron las mejores páginas de nuestra literatura. La hispanibundia es la energía vibrante que produce el español al vivir, ya se crea español o no, lo acepte o no, se encuentre en el exilio forzado o pretenda ser extranjero en su patria y extraño a los suyos.

Es sugerente lo que dice Wiesenthal, asentado por su prosa límpida y erudición enorme. No tanta como la de Unamuno que sostuvo el falso mito del quijotismo, sobre el que no tengo tiempo de extenderme aquí. O la de Ortega y Gasset, ese hombre doble, que no sé qué porras decía de una España invertebrada, como si fuese una lombriz o un caracol.

Pero, en realidad los españoles exageran su desgracia siempre cuando tratan de definirse. Por eso, los tres mitos anteriores son también de los falsos. (Los autores son excelentes, pero no hay que fijarse tanto en quién escribe una idea sino en cómo la defiende, de ahí que yo lea a un desquiciado Nietzsche, pero no a un desquiciado Unabomber).

Los españoles crearon el concepto «el colmo de las desgracias» al referirse a sí mismos. No hablamos de «una época de cambios» sino de «un cambio de época». De tal exageracionismo surge el «cuarto mito falso de los españoles»: el que dice que somos muy extremistas.

Leonor, no deis un respingo si digo que los españoles somos los más moderados del mundo. Más que ningún pueblo en este planeta en todas las eras geológicas. Cargamos las tintas sobre los temas menores (gobiernos, crisis, ideologías y juego de la selección en partidos de fútbol decisivos), pero la verdad es que somos únicos quitando hierro a los temas que importan. Cuando llegue el fin del mundo (suyo, de familiar o en modo escatológico) tened a un hispano cerca.

Un dato insoslayable: cuando un español se emborracha hasta las trancas, decimos de él que se ha puesto tibio. ¿Tibio? ¡Será álgido, será ardentísimo! ¿Pero «tibio»? Decimos que en 2021 cayó mucha nieve y se derramó lava «a timbote». Decimos que los pimientos de Padrón pican. Pero quien ha estado en Islandia o comido rocoto peruano se ríe de nuestras quejas. Esto demuestra, de forma aplastante, que los españoles no son de extremos, ni de extremismos. España es país de extremeños, como mucho, y no todos. Este ponerse en lo peor y en lo mejor hace que maquillemos la verdad de nuestro auténtico ser: nuestra ecuanimidad proverbial, nuestro sentido común, nuestro virtuoso equilibrio. Los mediocres están en las impostas del arco. Sostienen al país los centrados, que son las dovelas y su clave. Pilones y tirantes levantan puentes.

Por fortuna no es un falso mito el uso inteligente del humor en este país, ¿verdad? La ironía nuestra, esa que todo lo tamiza y todo lo soporta. La del que no se sabe si habla en serio o en broma, porque habla en serio en broma. «Españistán», malencarada al Atlántico y ofrecida al Mediterráneo. El mito de Tip y Coll como modelo absoluto de la españolidad, humoristas que dialogaban creando surrealismo (otro mito español, tan real que se eleva a otra potencia) como harían Góngora y Quevedo y como siguen haciendo dúos cómicos que son «patrimonio universal de la Hispanidad».

LIBRO III

DE ASUNTOS PROPIOS

DE CÓMO EVITAR PROBLEMAS CON FAMILIARES MÁS O MENOS CERCANOS A SU FAMILIA REAL

Prestad atención a este asunto. ¿Podréis controlar los asuntos de cama, las adicciones, los trastornos mentales, la holgazanería, los desfalcos o las infracciones de tráfico de primos, sobrinos, tíos, abuelos o sus diversos familiares políticos? Contestaréis que no. Y contestaréis correctamente.

¿Sois responsables de tales circunstancias? Contestaréis que no. Y contestaréis correctamente.

¿Los medios dejarán de informar sobre ellas y evitarán vincularlas con el prestigio de la monarquía? Contestaréis que no. Y contestaréis correctamente.

Por tanto, ¿qué contestaréis si os demandan respuesta sobre problemas como estos? No contestaréis. Y no contestaréis correctamente.

Cuando pasé lista hace un año y vi que un alumno se llamaba Froilán, por vuestro primo, pensé: «esto está cambiando, siguen naciendo monárquicos». Ya sabe que a Pipe le conoce la prensa por ese nombre, mayormente por joder, dado que a algún becario le pareció que Froilán era nombre viejuno y de mucha «risión». Ya ve qué desprecio más gratuito hacia todos los «froilanes» que en el mundo ha habido. Con lo mucho más bonito que es Pipe (como nombre digo, que como hombre no opino), diminutivo de Felipe. Cariñoso, dónde va a parar (como hombre, digo), se merece ese hipocorístico mucho, lejos del Felipillo Tacatún que se decía de Felipe González o de Felipón, el baloncestista de más de dos metros.

Que sucedan estas cosas con sus seres cercanos, insisto, es incontrolable. Pero eso pasa en las mejores familias. ¿Por qué no iba a ser igual para los Borbón Ortiz?

¿Qué propongo, por tanto? Una reunión anual de toda la familia extensa. Y si no anual, una por cada año en que no nazca ningún niño entre los congéneres. Une mucho, retiene a los díscolos y puede hasta hacer subir la natalidad.

¡Por primavera, en los jardines de palacio! Barbacoa no, que tarda luego mucho y hace hambre. Además, está lo de la dieta. Una escudella, caldereta o marmitako estaría muy acertado. Mandarinas de postre. Y cada cuatro años, cataplana, como gesto a Portugal, gesto de amplia interpretación.

Considerad qué difícil es hacer esta reunión hoy en día entre los vuestros, Leonor, ¡pero qué bonita reconciliación! Y relajaos sobre filtraciones a la prensa. Que las haya. Es más, quizás podría convertirse el acontecimiento en el Día Campestre Nacional de las *sippes* españolas, alternando familia materna y paterna, un año tras otro. Obviamente, Navidad, bodorrios, funerales y coincidencia con fiestas locales no vale. Familias sin añadidos. Por supuesto, con subvención parcial autonómica que incluya transporte y viandas mínimas, no vaya a haber distingos. Si no sale muy barata la comilona nadie irá, pero si es gratis no será valorada. Propongo, asimismo «caja de maternidad a la finlandesa» —detallito, qué menos— en años con alumbramiento de neonato o neonatos, en los que no hay razón legal para la reunión. Si la familia la quiere hacer a pesar de todo, ya va por cuenta propia.

Ya veis. ¡Todos los problemas familiares resueltos solo con verse una vez cada cierto tiempo! ¿Cómo no se nos había ocurrido antes, españoles?

DE CATALUÑA Y OTRAS PARTES DEL REINO

Si después de tantos siglos de —supuestamente— «secuestrar» la voluntad de independencia de Cataluña algunos siguen insistiendo en ella es que, o bien el síndrome de Estocolmo es mentira, o bien alguien no está realmente secuestrado.

Nunca pensé vivir en un país donde se mancha con pinturas las casas de otros compatriotas, donde se aparta a quienes no opinan igual, se señala el nombre de los enemigos dentro del dibujo de un mira telescópica, donde se derriban estatuas, se tachan topónimos en señales de tráfico, se escupe a alguien que va a dar una conferencia en una universidad, se deja de celebrar un funeral por no respetar el deseo de hacerlo en una lengua oficial no aceptada por el cura, se ve niños discriminando a otros niños en los parques debido a su procedencia, se homenajea a condenados en firme, se pide amnistía a golpistas, se acusa al resto del país de ladrones... Nunca lo pensé. No aguanto más. Me marcho de Berlín. Iré a Barcelona donde todo es diferente.

Esto escribió Heinrich en 1934 en su Alemania natal.

¿Se equivocó? No se equivocó. Se equivocaron otros, los que viviendo en una tierra maravillosa se propusieron un cambio claramente a peor.

Y yo, que soy en el fondo muy independentista de todo y en especial del independentismo, lo tengo claro: vos, Leonor sois, nada menos, que el símbolo de la unidad de España para que eso que Heinrich escribió no pueda darse aquí.

¿Qué es esto de ser símbolo de la unidad? No implica que vos tengáis que estar conectada con unos flejes a los puntos cardinales de la península. Significa que España nunca ha sido un reino, sino muchos. Nunca una unicidad. Cierto es que un cubo de Rubik «terminado» está tan ordenado como uno «mezclado». Diversidad o uniformidad, en cubo cabe. Y cabe aquí aquella frase que pronunció un músico argentino al separarse su grupo musical: «No nos dividimos: nos multiplicamos».

También podría decirse de las regiones y comunidades españolas que no se restan, sino que suman. Algo de lo que la Unión Europea misma ha copiado en su lema «unidos en la diversidad». España es milenaria y es errado juzgar su presente sólo por unos turbulentos siglos XIX y XX.

Vuestro reinado, Leonor, herencia del de vuestro padre y del abuelo Juanito, difiere sustancialmente de Franco. El dictador quiso hacerse una serie de litografías a lo Andy Warhol con su cara de gallego del Ferrol, una por cada región a distintos colores. Eran sus sellos particulares.

Vos no estáis sostenida por una constitución centralista, sino descentralizadora. España es el Estado más descentralizado de Europa, como demuestra el modo de enfrentarse a la pandemia de covid, que tenía en cuenta la situación sanitaria de cada territorio. La dinastía que vino de Francia intentó imponer el modelo francés: fracasó. España no es Francia. Bonaparte pretendía hacer algo similar: «le fracasaron» a base de batallas con muchos muertos.

Hubo geniecillos políticos regionales que convencieron a sus conciudadanos una vez muerto Franco de que este sólo fue tirano sobre ellos y que merecían sólo ellos desagravio. La Constitución del 78 se alejó de la línea centralizadora francofranquista. Bien que hizo. Esa constitución esconde debajo los principios de la «subsidiariedad» (propios de la Doctrina Social de la Iglesia) y el federalismo asimétrico de la socialdemocracia alemana.

Asomó así el legítimo y genuino espíritu del reino de España: el ser reino de las Españas. En realidad. De todas. Sin abuso de ninguno hacia los otros.

Sin embargo, pocos están contentos con el título VIII de la carta magna, el que habla de las autonomías. Unos, porque se queda corto y otros porque se pasa. Hallar a pocos contentos con él demuestra su validez consensual.

Lo diferencial va en detrimento de lo igualitario. El Gordo de la Lotería Nacional es de las pocas realidades que nos congregan a los españoles, pero les toca a unos y a otros no. Donde más se gasta toca más. Es así. Estadística pura.

Como compensación, se insiste usar dinero público como forma de nivelar. Y no es mala idea, pero, por ejemplo, en educación, nos hace chocar con el absurdo de prohibir financiación externa (obtener recursos alquilando instalaciones mientras no se usen, pidiendo donaciones, cobrando en especie de Amazon... Todo se niega, excepto vender lotería navideña para que los alumnos se vayan de viaje), no vaya a ser que los centros educativos estatales mejoren más que el resto. Es preferible que todos estemos igual de mal dotados, según esa argumentación mezquina.

Las tensiones sobre el tema territorial fueron, son y serán parte de lo español. Nadie más español que el que discute sobre España y su continuidad. Españolizar es tensionarse. Este país es un tendón. El tendón de Aquiles en su talón. Vivir en España es vivir en vilo. Discutir sobre las naciones/nación/nacionalidades lleva a forjar ciudadanos sanos. Asesinar en nombre de la independencia de una parte del territorio nos convence aún más en la necesidad de paz común de todos juntos. Aterrorizarnos logra darnos más ánimo. Manifestarse en contra de la unidad muestra cuántos más —muchísimos más— no acuden a los llamamientos. Imponer una lengua refuerza las otras (dedicaré luego un capitulito a las lenguas de España, que lo merecen).

¿A quiénes odian más los que están contra la unidad? Basta con ver a quienes atacan, a quiénes matan los odiadores, a quienes hacen escraches: a militares, policías, políticos, reyes y próximos (intento de asesinato, quema de retratos, desprecios y ninguneos, todo vale).

Sólo por escribir esto y publicarlo yo seré parte de ese odio. Las fatuas no son invento islámico, sino del *fatum* griego. Mi trayectoria (ya veis qué poca cosa) estará comprometida. Y eso que nada soy, pues nadie lee lo que se publica.

Vos, tranquila. Manteneos en la recta línea de vuestro padre. Sois casi reina y nadie os va a acusar por defender querer serlo. Notaréis cierta dureza en vuestra alma, pero nada insoportable. Ya hablaremos más adelante de qué modo se aseguran las junturas de un Estado, al tratar del Ejército y otras fuerzas asimiladas.

Los que tienen algo que temer son los que piensan como yo. Porque, a título personal, sostengo una moral incomprensible, la del monje griego Lazarus Kolobos, allá en las montañas de Meteora:

El fuego no sólo se combate con agua. También con fuego. Con arena. Quitando el oxígeno. Haciendo cortafuegos. O, la más difícil de entender, la que yo mantengo, dejando que consuma todo lo combustible. Por esta forma de pensar me han calificado de colaboracionista.

Ya veis que Kolobos y yo no somos buenos soldados. Demasiado buenos entendedores y comprensivos.

No me atrevería a tener en propiedad a Gaudí o a El Tricicle. Ni a Pau Casal, ni a Balenciaga; o la Vall de Nuria o el santuario de Arantzazu. No es mío el *Peine del Viento*, ni mío el viento del Cantábrico. Tampoco quiero que me los arrebaten en nombre de nacionalismos.

Sé que el nacionalismo es patrioterismo regurgitado y el «patrioterismo es el último refugio de un canalla», según escribió Samuel Johnson (creo que esta es la traducción correcta de una frase muy vapuleada) Desde luego, Johnson no pudo conocer a Jordi Pujol ni a Xavier Arzalluz, dos próceres —catalanista y vasquista respectivamente—, caducos que ya nadie escucha. Se habría llevado mal Johnson con tantos que le citan mal.

Todo eso lo sé. Sin embargo, duermo mejor al lado de las causas perdidas y hasta irracionales y al lado de mi mujer, que no es una mujer perdida y sí muy racional y por eso nos casamos.

El tema da para tanto que, si lo precisáis, podéis pedirme el anexo a este libro, que se titula *Leonor, comtessa de Barcelona* que aguarda a que suceda lo inédito y se edite.

DE SER TUTELADA Y DE SER REFRENDADA

Quizás estaría bien poner en su habitación de Zarzuela un sencillo azulejo de cerámica talaverana con esta frase: «La herencia de tus padres vuélvetela a ganar. Goethe». Quizás estaría bien en todas las habitaciones de los jóvenes del mundo, salvo que no tengan habitación propia. En ese caso, sobra. En ese caso habría que poner: «Gana algo para que tus hijos puedan o heredarlo, o merecerlo o tener un reto que reconquistar».

Llegar a ser reina porque tu padre lo es, desmerece, —no hay duda y se quiera o no—. Ningún hijo es más que su padre. Pero, para vuestra salud mental, el padre de Einstein se quedó en «padre de Einstein».

Los hijos de un rey son siempre una secuela, como los hijos de todo quisque. Pasa en el cine. Hay terceras partes muy buenas, —pocas segundas, salvo *El Padrino* y *Terminator*—, pero sí bastantes terceras que se salvan de ser bodrios (trecuelas exitosas, digamos. *Toy Story*, por ejemplo. *Shrek, Harry Potter* y *El Retorno del Rey*). También pasa en los videojuegos, como *Final Fantasy* o *Super Mario Bros.*

No se sigue un patrón en esto de «seguir al patrón». Copiar es malo. Innovar, peor. Dejarse guiar, regulero. ¿Qué sería si el rey emérito permaneciese vigilante, tutelando al heredero? ¿Imagináis ir al médico y que vuestro padre se encuentre al lado del doctor, asintiendo o negando? Por otro lado, aprender del maestro al discípulo es lo mejor que tenemos, a día de hoy. Ya se estilaba en los talleres de pintores. El aprendizaje autodidacta no es bueno en el poder, en absoluto. Precisamente, en las monarquías absolutas no es bueno en absoluto. Por tanto, aprender al lado de vuestro padre, sí, sin duda lo mejor. Tutelas, no. Jamás. Presencia obediente, siempre.

Pero una cosa es permanecer tutelada y otra ser «refrendada». La función básica de un ministro no es hacer bien su labor, qué va. La función básica de un ministro es dimitir él para que no tenga que hacerlo el presidente del Gobierno. Y, por extensión (e incluyendo al presidente) para que el rey no tenga que abdicar.

No descubro nada. La Constitución del 78 es clara:

> La persona del rey es inviolable y no está sujeta a responsabilidad. Sus actos estarán siempre refrendados en la forma establecida en el artículo 64, careciendo de validez sin dicho refrendo, salvo lo dispuesto en el artículo 65, 2. (El rey nombra y releva libremente a los miembros civiles y militares de su casa).

Algún teórico amplía, analógicamente, esta libertad sin refrendo al acto de nombrar tutor de sus hijos en su testamento, que es asunto personalísimo, pero extraordinariamente relevante en lo público. Y yo añado que poner nombre a sus hijos también es personalísimo, pero tiene trascendencia (por cierto, pídase baja maternal si es el caso y críe a gusto incluso si le toca siendo reina. Ya verá cómo este país se reina sólo). Puedes elegir «Olaf». Pero Olaf ya no tendrá vuelta atrás. O «Izan», sólo que quedará algo naif. Puedes bautizarla «Valme», «Tentudia»,

«Regla» o «Soterraña». El riesgo es alto, pero quizás más asumible que ciertos nombrecitos que leo en mis listas de clase.

En la práctica esto del refrendo es utilísimo, no lo neguemos. Tenga en cuenta que sólo funciona mientras vos seáis reina y en sus actos como reina. Si pasara como con su abuelo ya convertido en emérito, se abriría la veda sobre actos realizados fuera de su misión monárquica. Ya sabe lo que supone eso de abrir la veda: quienes se escandalizan por la caza mayor de elefante disfrutan al máximo de la caza mayor de reyes.

«¿A quién le importa lo que yo haga con mi vida?», protestaréis, Leonor. ¿A quién? Al Estado le importa. A mí, querida, en la medida que a vos os afecte. No dudéis de quien ha dedicado tantas palabras para regalaros. Vuestra irresponsabilidad política y jurídica no excluye que tengáis que cotizar como todos. Si cumplís os habréis ganado una buena pensión, un retiro adecuado, dorado o, mejor, en Yuste.

DE RODEARSE DE LOS MEJORES

Las personas más útiles, los mejores servidores, siempre los encontraréis en segunda fila, sin destacar. En la cocina o entre bastidores. En la vanguardia de la retaguardia, el lugar más duro porque implica trabajar sin recoger las mieles del triunfo.

Además, hay tarea por hacer. Contrate abogados, estilistas y contables de calidad. Esos, prioritariamente.

En España, por mucho que protestara el conde-duque de Olivares, no «faltan cabezas». No. Cabezas hay de sobra. Y buenas cabezas también. El problema de España son los sombreros (y en estos instantes míos, los test de antígenos).

Las buenas personas nunca llevarán sombrero en su presencia. En este reino había una tradición según la cual los llamados «grandes de España» no tenían que destocarse ante el rey. Era un protocolo que algunos añoran todavía. Ignoran el calor que da un sombrero aquí, este país donde siempre hace calor.

Los buenos nunca llevarán, repito, sombrero en su presencia. No lo quieren. Es fundamental no rodearse de coleccionistas de prebendas y tratamientos. ¡Tontos por aparentar hay tantos! ¡Tantos tontos!

Los mejores pueden tener nobleza, pero no presumirán de ella. Condescender no es descender de condes, sino ascender con deslumbrante modestia a una sencilla humanidad. Es que no importa la genealogía, Leonor. No importa.

Ayer mismo escuchaba yo el discurso de aceptación del título de «obispo auxiliar» a un señor cura muy estirado. Habló unos cinco minutos. Tres, los dedicó a nombrar, por orden de prioridad y con todos sus tratamientos, sin fallar ni uno, del arzobispo a las asistentas del obispado, de la cúspide a las seglares más ramplonas, según su criterio. ¿A que suena mal? ¿No parece que es un tipo que se está frotando las manos porque ve que va a pasar a ser considerado «excelentísimo y reverendísimo señor»?

Quien aspira a ser llamado excelente y a ser tratado reverentemente, ni es excelente ni merece reverencia. Inclinad la cabeza sólo ante quien la inclinó antes. Arrodillaos ante el que se arrodilló primero.

La cortesía y el protocolo a mí me gustan relativamente poco cuando son para pavonearse. Me apasionan en forma de pavana, y si es de Fauré más todavía. No son esas costumbres, a veces ancestrales, las que me molestan o me agradan, sino cómo las viven algunos estupidísimos y despreciabilísimos señores. De sectarios, capillitas, ceremonieros y amantes del almanaque de Gotha o del Royal Families de Burke, os libre Dios, Leonor.

De hecho, le dejo aquí un criterio para soportar a tales sujetos: de usted la vuelta a la tortilla. Esto es, que si de alguien se puede decir que es «su santidad», decíos hacia vos misma: «mi pecadez». Si otro usa «muy ilustre señor», usad vos: «poco lustroso plebeyo». Y cuando se encuentre con el cabeza (espero que sobre su cuerpo) de una casa principesca le presentarán a «su alteza serenísima». Ya sabe: «mi pequeñez hiperactivísima».

Un «rector magnífico», pasará a «torcedor pequeñísimo»; un «excelentísimo y eminentísimo», se convierte en «pesimísimo e inapreciabilísimo».

Imaginad el día en que recibáis en audiencia u os reciba el «papa y señor arzobispo de la Gran Ciudad de Alejandría y patriarca de toda África en el santo trono ortodoxo y apostólico de san Marcos evangelista y santo apóstol de Egipto, Pentápolis, Libia, Nubia, Sudán, Etiopía, Eritrea y toda África». Seguro que Theodoros II es una persona muy sencilla. Carga con su título como con una cruz, me imagino.

En cambio, puede haber día en que os reciban en audiencia en cierto lugar, presentándose quien os acoge: «Soy Jesús». No cargará con título la cruz, estoy seguro.

Sabed que la de vuestra monarquía se denomina «etiqueta borgoñona». Hay tesis sobre ella, interesantes, por cierto. Hay ciencias, como la sinergología. Se han hecho estudios y hasta tiene sus posiciones (hierática, estática, dinámica). Mantenedla, sin enmendarla. La posición no, la etiqueta. Pero mantenedla lejos, sin que ocupe el primer puesto en los banquetes.

En la cocina o entre bastidores, Leonor. Buscad ahí a los mejores.

DE LA MARAVILLOSA FUNCIÓN DE FIRMAR INDULTOS

He hablado de su abuelo en este texto bien y mal. A mayores, voy a hablar muy bien; es más, voy a hablar de «lo mejor» que ha hecho don Juan Carlos: pedir perdón.

«Lo siento mucho. Me he equivocado y no volverá a ocurrir» fueron sus exactas declaraciones tras recuperarse de su accidente en Botsuana.

Son las palabras más impresionantes que he escuchado en mucho tiempo, comparables a la declaración del papa polaco sobre Galileo y a las entrañables del Chavo del Ocho, «fue sin querer queriendo». Si sólo se recuerda eso de él, no habrá sido en vano su vida.

¿Cómo reaccionó parte de la sociedad al escuchar esa petición de perdón? Se le tiró a la yugular. Olió la sangre. Notó debilidad. Carroñeros y depredadores actúan así. Es triste que a un gran cazador le cacen. Es lamentable que se rían del elefante blanco los que decían defender a los elefantes.

Fue una demostración dramática de la mala leche española: ¡nadie se paró a considerar por un momento que nos estaba pidiendo compasión! «Al menos que lo compense de algún modo», dijo el más clemente de los ciudadanos. Qué capullos fuimos.

Porque, Leonor, pedir perdón es de seres altísimos. Es la virtud de los grandes. Y la virtud que la completa es la indulgencia. «Actitud o tendencia de la persona que tiene especial facilidad para perdonar las ofensas, o castigarlas con benevolencia, y para juzgar sin severidad los errores de los demás», dice la RAE (institución que auspició Felipe V, bien está recordarlo).

Los reyes españoles se han reservado la misión de firmar indultos ya que supieron ver que viene del latín *indultus* (concesión, permisividad), del verbo *indulgere* (ser indulgente o benevolente, hacer una concesión, tener largueza).

Remi Brágue, intelectual francés, advertía hace poco de que en el mundo falta espacio para el perdón. Él es medievalista y experto en islam. Sabe mucho del asunto. Afirma que

> [...] Ninguna otra cultura como la europea ha producido el odio a sus propias raíces. En nuestro trato con el pasado, se puede perdonar o condenar. Pero condenar es satánico. Construir implica que ni nosotros ni los que nos precedieron somos totalmente inocentes. Hoy tenemos mil confesiones, pero sin que haya ninguna absolución. Al tocar lo que otros construyeron deberíamos hacerlo con manos temblorosas. El perdón escandaliza, a izquierda y a derecha.

La indulgencia y su expresión «el indulto» es lo contrario a pasar página. Significa tener misericordia sobre la página abierta de nuestros errores. ¿Se puede construir el futuro sin eso? ¿Habría habido democracia española sin amnistía? Se pagó con aumento de la delincuencia, es verdad, pero ¿cuánto se habría pagado sin concederla? ¿Se cedió con ETA al acercar a los presos o se la venció con tales migajas? ¿Se indultó a los del *procés*? ¿Fue muestra de debilidad o de fortaleza?

Perdones memorables. Memorables porque siempre habremos de recordar a quiénes y por qué les perdonamos, quién nos perdonó y cómo estábamos cuando nos perdonaron. Memorables porque perdones así no abundan.

Siempre cabe especular. Siempre halcones o palomas. Siempre firmes frente a flexibles. Siempre la *rauxa* y el *seny*. Siempre acusados o bien de dogmáticos o bien de melifluos a dos aguas.

Vos, Leonor, preguntad a vuestro padre. ¿Yo qué voy a decir? Ya me conocéis yo soy un flojo y un blando, una medusa a la orilla de la playa.

DEL MUCHÍSIMO CUIDADO QUE HAY QUE TENER CON EL DINERO, CON LOS DERECHOS Y CON LOS DEBERES

Vos y yo sabemos que en España un rey no es rico y que ser rey no está pagado.

No está bien pagado, pero se paga con dinero de los que contribuyen. No todos, sólo los que contribuyen. ¿Cómo vamos a sostener que la obligación de pagar impuestos es un deber moral que obliga a los ciudadanos declarantes si quienes pagan ven que su dinero se gasta en chorradas?

Difícilmente se sostiene un país así, Leonor.

Hace no mucho tiempo los *youtubers* más exitosos de España anunciaron que se iban a vivir a Andorra, pues allí podían seguir trabajando y pagaban menos impuestos. No se trataba de sacar los beneficios obtenidos en España a sociedades extranjeras, que es bastante feo. En este caso se iban ellos, aunque el dinero seguía saliendo de una mayoría de seguidores españoles.

(Se me ocurre de repente, que vos os fueseis a Portugal exiliada, os nacionalizaseis y os presentaseis a las elecciones presidenciales lusas ganándolas. Después los españoles os devolvemos la corona y, ¡voilá! Ya tenemos otra vez a Portugal y España bajo una misma jefatura. Un pronto fuera de lugar. Disculpadme).

Sin embargo, ese gesto de El Rubius y cía. fue terrible. Terrible porque se instaló en el imaginario colectivo de muchos jovencitos, fieles seguidores de tales contenidos. Marcharse del lugar donde vives, cotizar fuera, no revertir tu esfuerzo en la tierra que te ha educado… es un mensaje atroz para cualquier Estado. Si ya es triste en el caso de la emigración forzada. ¿cómo nos sentiremos ante la fuga de cerebros o de capitalistas? Pues avergonzados, pero de vergüenza propia, no tanto ajena.

Si cada palo aguanta su vela, el barco se hunde del peso de tanto velamen. Un Estado es un esfuerzo colectivo grandioso. No depende de unos pocos contribuyentes que se van al Olimpo. Depende de tantos y tantos esfuerzos hechos por los demás mortales.

DE LAS LENGUAS BUENAS Y DE LAS MALAS LENGUAS

Cualquiera que estudia un poquito de historia sabe que las naciones se parecen mucho a las bandas de rock de éxito: se forman en torno a un líder, alguien que lleva la voz cantante. Los demás componentes no tienen que ser especialmente buenos, pero, si por razones desconocidas para los mortales, se juntan varios músicos geniales salen maravillosos legados artísticos. (Abba, The Beatles y Queen son los mejores ejemplos).

Detrás van aquellos que gozan de fama, no del caprichoso beneficio de las musas. Los Rolling son comparados con los de Liverpool. Han perdurado y han ganado mucho dinero. Pero su obra morirá lentamente, al mismo ritmo lento que van muriendo sus miembros. Nirvana tiene una canción eterna. Pink Floyd se acabó cuando acabaron sus impresionantes conciertos.

Y luego está The Who. ¿Quién? The Who.

The Who es el símbolo de los «Estados quiero y no puedo». The Who era, para ser exactos, un «puedo, pero no quiero». Sobre todo, su baterista Keith Moon, que produjo y actuó en *La vida de Brian* (bueno, George Harrison, el Beatle, también, para ser exactos). Moon fallecido por sobredosis de las pastillas con las que se trataba el alcoholismo (como Chapman, el que protagonizaba a Brian en la película). La vida de Moon es más alucinante que la de Brian. Cumplió su mayor sueño: «Espero morir antes de ser viejo». Como Brian. Era batería, pero estamos todos de acuerdo en que ni siquiera llevaba bien el ritmo. Era su vida desordenada la que sostenía el compás del grupo. Mató a su guardaespaldas, explotaba baños, tiraba televisores, destruía hoteles, quemó su propia casa. Pegaba a su mujer. Impidió a su exnovia que se volviese a casar bajo amenazas. Un figura, vamos.

Debido a tanto desmadre, precisamente por el desmadre, un ejército de seguidores siguió a la banda. El desquiciamiento atrae mucho. Como le pasó a Brian.

Algunos Estados se empeñan en seguir al flautista de Hamelin hasta el precipicio, como ratas y ratones. Otros, incluso imperios, se aburren y se aburren y, por divertirse finalmente, hacen el gilipollas, entran en decadencia y sucumben.

Y luego están los *who*. ¿Quiénes? Los *who*... Son los que viven bastante holgadamente, protegidos con paraguas paternales dentro de Estados poderosos. Pero se aburren. Y llega un loco que ni siquiera lleva bien el ritmo. La promesa de una vida despendolada, sin ataduras ni normas empieza a sostener el tinglado. Los desmanes los paga otro, por supuesto. No hay responsabilidades. Matan a sus propios guardaespaldas, explotan sus años felices, tiran de televisiones a fondo perdido, destruyen sus hoteles y sus turistas, queman su propia casa. Pegan a su madre patria. Impiden a sus regiones internas que se independicen a su vez, bajo amenazas.

Para estos Estados-aborto cumplir su mayor sueño es su fin: «Espero morir antes de ser viejo», que es lo mismo que decir «espero no tener hijos y perdurar en las generaciones futuras». Moon falleció ahogado en su vómito. Estos proyectos lamentables se pudren en su misma salsa, porque son intragables.

Por favor. Bien está lo que bien resulta. Mal lo que resulta mal. Leonor, ninguna creación humana durará para siempre. España tampoco. ¿Dejará al menos un buen catálogo de hermosas melodías?

Libraos de esos Moon o esas Yoko Ono destructores que llegan y dicen: «Yo abandono, descorono, secciono, succiono, distorsiono, autogestiono, subvenciono, insurrecciono, desproporciono, erosiono, ilusiono y fracciono»[7] una historia y una herencia de siglos, porque tengo una lengua completamente distinta a la lengua común a todos. Porque toco una música que nadie ha tocado jamás.

DE QUE SU LEGITIMIDAD NO VIENE DE ELECCION NI DE COOPTACIÓN COPTA, POR DESGRACIA

Según Aristóteles hay tres buenas formas de gobierno: la monarquía, la aristocracia y la democracia. Sin embargo, su maestro Platón se quedaba con la «aristocracia, si leemos bien

---

7   N. del A.: en catalán. En castellano significa: «yo abandono, descorono, secciono, succiono, distorsiono, autogestiono, subvenciono, insurrecciono, desproporciono, erosiono, ilusiono y fracciono».

La República o Politeia. «Minorías selectas», según nuestro Ortega y Gasset.

Y yo creo que cualquier persona inteligente debe opinar igual. El problema no es aceptar a los «selectos», sino «cómo se selecciona al seleccionado».

La elección del selecto. Las minorías «electas» no tiene por qué ser selectas. Pero hay que apostar firmemente porque los selectos sean elegidos.

Vos, Leonor, no lo habéis sido. No habéis sido elegida. Podréis ser excelente, así lo deseo, pero no electa ni selecta, me temo. Vos habéis sido fruto del azar genético más estricto.

En los cónclaves para nombrar al patriarca de una Iglesia copta se introduce en un cáliz tres nombres elegidos por el resto. El nombre elegido entonces se convierte en el nuevo patriarca de Alejandría. Un niño con los ojos vendados, guiado por la mano de Dios, elige finalmente. Este es un caso extremo de «cooptación copta».

Seguro que a vos os han hablado de aquella vieja «dieta imperial» y su «Consejo de Príncipes». Entre los ocupantes de esos escaños, más de cien fácilmente, se elegía al líder del Sacro Imperio Romano Germánico. Suena peor si lo pronunciamos en alemán: El Primer Reich.

Pero no suena tan mal lo de «monarquía electiva». Es una opción intermedia que agradaría a algún demócrata preocupado por la escasa legitimidad del nombramiento hereditario. ¿Entre quiénes elegir? Podríamos probar con dar un número a cada español en edad propicia y cantarlo como si fuese la lotería de la Navidad. Se correrían riesgos, es cierto. Mejor, quizás, que sean quienes presenten los partidos. Después, entre los agraciados, se vota, por aquello de dar legitimidad democrática. ¿Y quiénes serían los electores? Los ciudadanos mayores de edad. Vos tendríais muchos votos en España, no le quepa duda, entre el electorado español. Para descubrir nuevos mundos hay que enredarse en el mar de los Sargazos.

¿Que de ese modo se pierde ese toque «de gracia» tan monárquico? Cierto. Sería un poco republicano, es verdad. Entonces, ya sabe: los tres más votados, al cáliz. Que la mano de Dios, o la de un inocente, elija.

Es sólo una propuesta, pero cosas más raras se han visto. Buscadlas en Google; es divertido.

DE SI UNA CONSTITUCIÓN IMPLICA QUE «AHORA TE AGUANTAS»

¿Decae el derecho una vez se usa? Por ejemplo, votar al partido que gana, ¿elimina mi derecho a exigir un buen gobierno? Parece que no, ¿verdad? Ese derecho, además, no decae hasta las siguientes elecciones, no. Permanece incólume.

Pasa igual con la Constitución. Su aprobación en el pasado no implica que estés de acuerdo con ella, ni que no lo estés nunca. No hace falta, por imposible, una renovación continua del voto positivo en las nuevas generaciones. Estas —las que no votaron— han de respetar una Constitución lejana al referéndum original.

¿Respetar? ¿Por qué? Porque una constitución es un tatuaje. Cuesta grabarlo en la piel estatal y cuesta borrarlo después. Cuando te tatúas sabes que va a ser casi para siempre. Una vía intermedia es modificar partes para que el nombre de esa novia grabado en tu tetilla derecha, que «Loli» se transforme en un dragón, de forma que los nuevos amores pasen su lengua por dicha zona sin sospechar que lamen a Loli disfrazada de monstruo escupefuegos, por quien su amante ha sudado tinta.

Esos apaños son reformas constitucionales, pero epidérmicas, al fin y al cabo.

Otros hay que tapan un tatuaje con otro, emborronándolo todo. Pasó en el siglo XIX en España y fue un horror. Quedó hecha unos zorros hasta Cánovas.

Los independentistas, ocultos tras piel de cordero, son más de arrancar la piel a tiras y quedarse con la parte del tatuaje

144

que a ellos más les conviene. Al menos hasta que se cumplan no sus sueños, sino sus pesadillas. La oposición anuncia *liftings*. Los revisionistas, *peelings* de cuerpo entero. Los moderados, borrar lunares. Los extremistas, con lija del siete. Los centristas, un bronceado suave. Los ánimos están a flor de piel, de piel muy fina.

Los revolucionarios sueñan con voltear la piel, dejando el forro por fuera, como guante de cuero y lana. Los terroristas optan por despellejar, por desollar, por escorchar. A su paso ningún país resiste. Se infecta y muere por no ofrecer defensa a virus y bacterias asesinas.

Por tantas variantes, la Constitución cuanto menos se toque mejor. Pero no preocuparse demasiado, no llevarse las manos a la cabeza, no alzar el grito al cielo. Las otras leyes, no magnas, ya cumplirán la labor de renovar. Una constitución no implica «ahora te aguantas», porque las leyes que la desarrollan pueden cambiarse sin mucho problema.

Las leyes son el hirsutismo corporal. El vello. Los «pelánganos», vamos. Ellas tienen fácil retorno. Si las cortas o depilas, vuelven a crecer. Dicen que más fuerte, pero depende en qué partes de cuerpo.

Una alternativa a un tatuaje no querido (una constitución que no gusta) es dejar crecer mucho el cuero cabelludo. Otra, no «podar» ciertas zonas. Leyes bien colocadas en ciertos sitios impiden roces dañinos con Estados extranjeros. Muchas leyes producen cierto rechazo estético, con razón, porque no hay quien aguante un país controlador al máximo. Sería el «hombre de Angora» de los Estados. La «mujer-erizo» de los países.

Cuando el miedo afecta a una nación, al ponerse los pelos de punta, asoma por debajo la Constitución que tapaban.

Las leyes civiles que regulan derechos y libertades son hermosas cabelleras, blondas o brunas, lisas o frisadas, cepilleras o al cero. ¡Buenos peluqueros tengas! Y las leyes dinásticas se asemejan a vellocinos tupidos colgados de toisones de oro.

Bigotudas son esas leyes a las que se adhieren migas y restos de leche de escaso gusto, propias de glotones; leyes sociales, sobre todo. Sobaqueras, las leyes que tratan de asuntos de interior, un poco ocultos, oscuros, malolientes, cloaqueros, de mucha hormona y escaso atractivo en levantada de peso muerto. Abuelillas, las leyes de las orejas, propias del transporte y las comunicaciones. Nasales, las leyes de medio ambiente y reciclaje, pues hay mucho de limpieza y de sacarse cerumen en esos temas. Leyes de entrecejo son las que van a joder a unos pocos, esas normas eugenésicas con el fin de lograr una artificial mejora del rostro de la raza.

Púbicas las leyes menos públicas. Ensortijado mundo que todos anhelan tocar, es decir, Economía y Hacienda. Enrevesadas como ellas solas, con forma de pene de cerdo macho, sacacorchos de dinero del contribuyente. Están ahí para, por otro lado, fecundar el Estado con mucho dinero.

Las leyes de pelo en pecho —o leyes legionarias— son aquellas que han pervivido bajo algún nombre alternativo desde la época de Franco y, antes aun, desde la II República. Ejemplo, la Ley de Orden Público, republicana, pasó con un simple *tippex* a ser llamada Ley de Responsabilidades Políticas. Pasados pocos años, mutó de nuevo en Ley de Orden Público, porque imponer el orden público es muy de épocas represivas como los años finales de la II República y el franquismo. La democracia la trocó en «Leyes de garantías políticas» en un principio. Al final han vuelto a nombres menos engañosos como «Ley de Seguridad Ciudadana». Para las democracias el orden es seguridad. Y nadie más seguro que unos legionarios. Nunca fallan.

No quiero acabar sin referirme a los pelos últimos. No hablo de esas leyes no escritas de censura y cancelación que eliminan lo inadecuado. Hablo de las leyes autonómicas, que son leyes como pelos del culo. No les gustan a nadie. Solo que están ahí. Han encontrado mal asiento. Como culos, cada uno con el suyo, los históricos y los de nueva creación. Y, tratándose de órgano regulador tal, ¿ahora qué hacemos con ellos? Te aguantas. Ahora, te aguantas.

¿Osas comparar las autonomías con bellas nalgas de velludo animal plantígrado? Oso. Tened en cuenta que las hay muy hermosas, firmes, acogedoras, pomposas, pareadas con hermosas vistas y las hay que son lavanderas agachadas en la orilla del río, hacendosas y ofrecidas a sus tareas diarias, sin molestar a nadie. El que tengan las autonomías alguna mancha que otra se puede decir que las mejora.

SOBRE LA IMPOSIBILIDAD DE QUERER CONTENTAR A TODOS

Contentar a todos es tan difícil como echar los fideos a la sopa que está rompiendo a hervir y que no se caiga ninguno fuera, seco y tieso.

Algunos pobres mortales se comportan como si las monarquías fuesen una religión, pero de esas religiones con rituales espectaculares y llamativos. Son creyentes, pero no creen en ellas, sino que participan desde lejos. Gustan de ver al rey o al emperador de espaldas, alejado, encerrado en vaticanos arcanos, en ciudades prohibidas, en «buckinghames» versallescos, valga la mezcla.

Allá ellos. Obtendrán lo que buscan: pura tramoya. De ellos, Leonor, obtendréis vos lo mismo: farfolla, vanidad y abandono a la hora de la verdad.

Si la monarquía española del siglo XXI hubiese optado por el faranduleo la apoyarían pocos. Ni siquiera los fieles a la antigua, que solo creen en algo si funciona, es decir, si les entretiene. Se identifican sospechosamente, además, con esos nostálgicos tridentinos de mucho incienso, puntillitas, silla gestatoria, tiara, dogma *ex cathedra*, guantes, capas de once metros, gafas de pasta gorda, juegos de casino, abono en El Palau y en el Bernabéu, casamiento escurialense, cultivo de bonsáis, perlas gordas, chalet en Comillas, estandarte, botas hasta las rodillas, consumo de *whisky*, gota, ostras en hielo y el uso frecuente de la expresión «no sabe usted con quién está hablando».

Por otro lado, apoyarse en los «increyentes» es posible, aunque inestable. Ellos pasan. Se centran en sus noticias, sus carreras profesionales, sus aventuras amorosas. No se arrepienten, viven en cierto tipo de hipnosis. Necesitan distraerse de la inevitabilidad de la muerte, que es muy jodida para un increyente si viene acompañada de decrepitud o enfermedad. Divertirse es crucial.

Entre incrédulos la monarquía puede tener cierto margen, en dura competencia con otras distracciones de este mundo. Lo de *panem et circenses* está inventado desde hace milenios. Funciona en bodas y funerales reales, básicamente. Quizás el día de la coronación, pedida de mano, luna de miel, agonía, divorcio, adulterios y delitos graves. Eso como mucho.

Los increyentes cambian de canal rápidamente, ojo.

Un rey o una reina debe contentarse con contentar a unos pocos. Aun así, sigue siendo un *influencer* importante. Tendría seguidores de aquella manera, es decir, poco fiables. Pero esto exige capítulo aparte.

DE LO QUE SUCEDIÓ A UN DEÁN DE UNA CATEDRAL CON UNOS CANTANTES DE REGUETÓN (O DE LOS VERDADEROS AMIGOS)

Si vos hubieseis nacido para gobernar en los últimos años del siglo XX, la única teoría del Estado que deberíais manejar se resumiría en esta simple frase: «La televisión une al país». El *Un, dos tres*, «la teta de Sabrina» y «la muerte de Chanquete» eran nuestro patrimonio.

Controlar la tele era tarea prioritaria de gobiernos y autonomías, mucho más que dirigir la educación, ya que los profesores y sus contratos funcionariales son irreductibles y se pasan los programas oficiales por el Arco del Triunfo si no les placen. Resultaba más eficaz dirigir la televisión oficial. Y con las privadas, las ayudas públicas y las concesiones de licencias todo lo ponían en su lugar.

La cosa cambió con la multiplicación de canales. Y finalmente llegaron las redes. Y con las redes, la creación de contenidos.

En su reinado, quien genere más contenidos será el rey. Habrá que ver cuántos seguidores se tienen. Muchos seguidores, mucha visibilidad. Mucha visibilidad, muchos *followers*. Esa es la teoría.

¿Qué o quién es un *follower*? En el fondo, ese que te saluda al pasar con un «hola». Quizás una sonrisa, un beso al aire, un agitar de pañuelos. ¿Se puede esperar de ellos fidelidad? No, son educados pero volátiles, no tienen apariencia porque no aparecerán cuando los necesites. Y, sobre todo, se aburren. Al aburrirse, devoran. Al devorar, te destruyen.

No son exigentes. Comen de todo. Caviar o huevos, porno ruso o ballets rusos. Prefieren, eso sí, todo lo curvilíneo, lo que se frota contra algo, las desgracias ajenas, las bromas de instituto, los gatitos, lo breve, lo intenso, lo morboso.

El cantante brasileño Roberto Carlos cantaba «yo quiero tener un millón de amigos». De amigos no se puede tener un millón. No te da la vida. Y *followers* debes tener más, no te salen las cuentas para monetizar suficientemente.

Una reina no ha de perseguir seguidores, jamás. Y de sus amigos (que no tendrá) no ha de esperar nada, jamás.

No hace mucho, el deán de una catedral permitió que grabaran un video en su templo dos cantantes de reguetón. Si fue oportuno o no, doctores tiene la Iglesia. Lo que sí sé de buena tinta es que los que eran sus amigos estuvieron con él a las duras. A las maduras ya estaban algunos que le ningunearon en cuanto dimitió. El deán quedose como un gato que está triste y azul. Sin cargo, pero con el calor de los que le querían por ser él mismo y nada más. Esos amigos nada pudieron hacer para mantenerle en el puesto. Incluso a veces un amigo debe «dimitirte» y hace bien.

Los «seguidores» del deán eran mínimos (no mininos). Los de los reguetoneros subieron como la espuma gracias a aquella maniobra de *marketing*.

Ya que he escrito varias palabras en inglés, escribiré otra: *engagement*. El enganche de los perfiles en las redes sociales. Esto es, «el índice de compromiso de aquellas personas que te siguen a la hora de interactuar con las publicaciones diarias». Si dan «me gusta», comentan, se guardan las fotos, las comparten... Esa fidelidad es analizada por marcas, productoras y algoritmos para tomar el pulso a la influencia real de una persona con presencia en redes.

Ya puedes tener mucho *engagement*, sin embargo, que habéis de saber que no hay nada seguro. Tu «obra» será buena o mala, al margen de seguidores. Muy pocos son infalibles, muy pocos son Roberto Carlos, décadas de buenas canciones, ventas y llenazos. El resto, la bazofia, vive del momento, la superficialidad y la falta de compromiso. Son objetos de usar y tirar. Hay algunos que han sido usados y tirados por veinticuatro millones de *likes*.

Ya no hay cómplices. Nadie sabe nada, nadie era responsable. «Sí, te he visto, pero no me acuerdo». Sí. Te he visto. Olvídame como yo te olvido.

Leonor, mientras cierto mundo de ficción, *reality* de poses superficiales y fotos retocadas nos deshumanice, toda realidad sobra. Las redes son un mundo de actores sin estudios y sin estudio. Viajes idílicos a idílicas playas con idílicos culos asomando los carrillos entre hilos dentales idílicos.

Imaginad, Leonor, mostrar la verdad con transparencia. La transparencia es sucia, Leonor. La transparencia exige mucho cuidado y limpieza. Las huellas digitales de quien nos mete mano se quedan en nuestra transparencia. Y, además hablamos de España: ¿qué creéis que produce uno divulgando sus felicidades? Envidia, Leonor, envidia cochina. En castellano hay una palabra que significa algo parecido al «mutitaa» camboyano, esto es «alegrarse con la alegría de los otros». Esa palabra es «congratularse», virtud tan hermosa como «compadecerse»... ¿conocéis a alguien que enjugue tal verbo en primera persona todavía? «Me congratulo» «¡veste a tomar por...!».

Pronto os acusaron, Leonor, de haceros «retoques estéticos». Fue cuando te pusieron brákets. Si quieres embellecerte seréis atacada. Si os afeáis, ridiculizada. Lo feo implica no gustar o gustar menos.

Y al feo —creedme, soy feo— solo se le quiere por la belleza de su corazón. Los corazones buenos no caen en esas redes de las que hablamos. Usadlas sin pasaros, con pies de plomo.

DE SI DEJAMOS QUE OS MANDEN A TOMAR POR CONGRATULO, FIGURADAMENTE AL MENOS

Que un reinado hereditario casi siempre es un caso de nepotismo, no se puede negar. El nepotismo consiste en favorecer a tus nietos y a tus nietas. Sobre ello se construye todo derecho sucesorio.

Los comunistas de pura cepa lo ven muy mal. En Cuba, por ejemplo, no se admite la herencia que es propia del capitalismo. Por eso Fidel Castro jamás favoreció a su familia y, aun menos a su hermano Raúl. Lo mismo pasa en Corea del Norte y otros lugares donde la felicidad impera.

Esto justifica el odio a los monarcas herederos por algunos. «¿Qué ven en ella?», se pregunta cualquier *it hit girl* al verla, Leonor, con destino tan bello como el suyo.

El odio genera violencia. Y solo hay una manera de defenderse del odio: fomentar la risa. Quitarle hierro al asunto. Convencernos de que ser reina no es para tanto.

Esa labor benéfica la realizan en los Estados los humoristas.

Por ejemplo, los hermanos Bécquer (firmaban como SEM) en tiempos de su antepasada Isabel II dibujaban graciosas ilustraciones eróticas donde la reina masturbaba a un ministro o era penetrada por un burro. *Los Borbones en pelota* no fue serie de éxito en Netflix, pero contribuyó a la permanencia de la monarquía. A los hechos me remito.

Recientemente una web de humor publicó una nueva constitución, con indicaciones precisas sobre cómo habría de cometerse el tiranicidio del que ya se habló en este manual de princesa.

Y algo más allá (usted no había nacido y tal vez no se lo hayan contado), cierto semanario satírico sacó en portada a su padre y a su madre dibujados en pose singular. Dando por detrás a la monarquía siempre, desde luego. Sin dar la cara. Nada del otro jueves: nunca se atrevieron los redactores —como sí los del *Charlie Hebdo*— no digo ya a sodomizar a Mahoma, sino ni siquiera a caricaturizarlo o a gomorrizarlo. (Este tipo de gente es de poca enjundia. Aman tanto su vida que temen la muerte).

¿Nos enfadamos con ellos? ¿Les censuramos? ¿Ponemos el grito en el cielo? ¿Les devolvemos diente por diente? ¿Dejamos de comprar sus semanarios, de visitar sus webs? ¿Perseguimos a Bécquer por obsceno un siglo y medio después, no recitando nunca más sus poemas?

Nada de eso. No, porque algo de gracia sí tienen. Y quien tiene gracia puede esperar la gracia de su graciosa majestad. Porque el bufón espanta los orgullos y contenta al enfadica. Además, matar a estos pájaros no acaba con ellos: las oscuras golondrinas vuelven, si es que el cambio climático lo permite. Otras golondrinas, es cierto. Pero quizás peores, quizás sin el don del humor.

«¿Es esto admisible?», dices, Leonor, mientras te clava Buñuel en tu pupila una cuchilla azul. «¿Es admisible? ¿Y tú me lo preguntas? Si es en película, si es arte, yo lo admito. ¿Y tú?».

DE LA RELACIÓN DE LA MONARQUÍA
CON EL MUNDO DEL CINE

El mundo del cine es un mundo. El mundo del cine mudo es un mundo de lo que ya no se ve ni se escucha. De él, de ambos, podéis aprender muchas lecciones, Leonor, tanto de sus películas como de sus métodos, técnicas, profesionales, artistas, aficionados y críticos.

Primero, de sus artistas, porque es un hervidero de hipócritas. Por ejemplo, encontrará muchas actrices antimonárquicas. Mil personas trabajan para ellas durante años, para su lucimiento exclusivo. Gustan de las primeras filas, de los focos a sus rostros, de que nadie le quite el plano, de salir primeras en el reparto. Vestidos brillantes, joyerío, alfombras rojas, laca, permanentes. Discursos para agradecer sus merecidos premios, logrados por pura y única valía... ¡Y aún tienen el morro de odiar a una reina!

Segundo, de sus aficionados, porque hallará muchos partidarios de la versión original, de su padre. O de la versión en blanco y negro, de su abuelo.

Tercero, de sus críticos, porque la acusarán de consumir cine inadecuado. Su tatarabuelo, Alfonso XIII no veía películas pornográficas proporcionadas por Romanones (ni Romanones quiso nunca entrar en la Real Academia mediante la compra de votos, ni dijo «jó, qué tropa» al no lograrlo, por cierto). Pero igual que el director de la Filmoteca de Valencia, José Luis Rado, se inventó esa fábula (creando una supuesta productora denominada Royal Films para proyectar películas guarras en el Palacio Real con Alfonso XIII como anfitrión), de vos dirán cualquier otra cosa. Se divulgará, se hará lugar común y hasta escribirán musicales sobre vuestros extraños gustos.

Cuarto, de sus métodos, porque el cine se permite el lujo de hacer historia, en vez de contarla. «Basado en hechos reales» y «cualquier parecido con la realidad es pura coincidencia» son las dos frases mágicas que lo aguantan todo, como dicen que le pasa a ciertos pintalabios, plantas decorativas, japoneses y vinos de Rioja. Hay que dejarles a los guionistas libertad creativa (es su única libertad, porque ellos son los esclavos de esa industria).

Ya no son tiempos de la censura ni del NODO. Los gobiernos se aseguran de ello a base de generosas subvenciones que cubren la inversión de los productores, aunque no vea nadie la película o ni siquiera se estrene. Como la monarquía no puede producir películas —ni debe, recordad lo que ya expliqué— una alternativa sería apoyar con vuestra presencia los estrenos de aquellas obras que os convenga a vos.

Otra posibilidad es gafar, con su presencia, el estreno de aquellas películas que les pongan a parir. ¿Gafar? Entiéndame, tampoco es la maldición de Tutankamón. Si no gafar, al menos dejar en evidencia con alguna declaración sutil antes de entrar, saliéndose a medias o quedándose dormida al final de proyección. No hay mayor desprecio que no hacer aprecio de algo, sobre todo si aceptas la invitación *gratis et amore*. ¿Que qué puede declarar a los periodistas si le preguntan? Depende del caso. Imaginemos que es una de Almodóvar que denigra a vuestra progenitora, doña Letizia (Una «Leti, Máxima, Camila y otras reinas del montón», por ejemplo). Declarad que no habéis disfrutado nada y que hace años que no os reís con el manchego porque

> [...] Yo sé todo sobre mi madre, ya que hablé con ella. Me parece que Almodóvar debe haber hecho aquí una peliculita sobre madres paralelas, vidas que no se tocan. Es de mala educación hacerlo y no me extraña que esté tras este estreno fallido al borde de un ataque de nervios, él y sus mujeres, quiero decir las actrices suyas y otras chicas del montón de verdad. No voy a volver a ver nada que ruede, lo siento, mientras habite yo esta piel que tapa mi carne trémula, o lo veré entre las peores tinieblas para un cineasta, es decir en una web de pelis online ilegal.

Quinto, de sus profesionales, expertos en el «limpia, pule y da esplendor». Iluminadores, maquilladores, decoradores, sastres, guionistas, montadores y cámaras pueden trocar un aburrido reinado en algo de cierto relieve y que se deje ver, al menos. Poneos en sus manos, en la de los que saben de lo suyo.

Sexto, de sus técnicas. Un zoom para mostrar una furtiva lágrima, un subtítulo que permite entender cierta frase durante la emocionante boda («es todo tan hermoso»), un *travelling* mientras entra en la fiesta de los primos de Suecia, un primer plano del anillo de compromiso, un fundido en negro a la muerte y «fin» o «continuará» antes de los títulos de créditos nobiliarios…Tales efectos elevarán esa aburrida rutina que es, en realidad, la vida de cada uno (de ya, explorador compañero aislado, marido burlado, hermano incomprendido, padre abatido, mendigo abandonado, desempleado, marginado por un sistema insensible, exilado, maqui, boxeador fracasado, marine, vietnamita, astronauta… y todo lo dicho pero vivido desde el otro sexo, por supuesto).

Y déjeme acabar este capítulo aclarando porqué excluyo al teatro, ópera, ballet y mimo de todo esto. Porque ellos son, precisamente, la representación a pecho descubierto de un papel ante el público. Es decir, la monarquía de otro modo. No puedo tirar piedras contra su propio tejado.

DEL RELATIVO SACRIFICIO DE SER REINA

Leonor, debo anunciaros que los reyes no tienen amigos desde que son «demócratas» porque no pueden ofrecer generosidad. Y la generosidad es la más alta de las virtudes de la amistad.

Hay que explicarlo. Uno tiene la ilusión del éxito y este no llega. Empieza a desear que al menos uno de sus amigos triunfe en la vida. Sin egoísmo alguno. Cuando eso suceda, que no sucede apenas, tal vez sueñas con que tu buen amigo se acuerde de ti y, a pesar de su fama, te siga tratando igual o hasta que pague alguna deuda o coloque a tus hijos. Todo sin tener que pedírselo, pues hacerlo implica reconocer desigualdad, algo a evitar en la relación entre colegas.

Para un rey la amistad funciona igual. El título no les hace mejores. Sin embargo, al monarca democrático se le niega la «generosidad» por ley. El privilegio de crear prebendas cuando había monarquías absolutas era su gran poder. Sobre eso se construía todo lo demás.

Hobbes, hijo del miedo, como bien se sabe, defendió el absolutismo. Algunos malos politólogos pensaron que defendía el absolutismo monárquico. Oh, no, Hobbes era muy inteligente. Había percibido la esencia de lo inhumano: el hombre-lobo. Solo que el hombre-lobo (lobo para el hombre) no existía aun en el siglo XVII. Le faltaba un siglo y pico para nacer todavía.

Sabía muy bien Hobbes que es mejor un hombre solo absolutista que un Estado entero absolutista. Aunque césares cabronazos ha habido muchos, algunos no fueron tan penosos: en Suecia, Gustavo III, un déspota ilustrado abolió la tortura para los presos y la pena de muerte, proclamó la libertad de cultos, dando refugio a judíos y hugonotes. Un ejemplo entre bastantes más.

Los reyes absolutistas, precisamente, fueron a morir a manos de hombres-lobo durante el siglo XIX y principios del XX. Los hombres-lobo no hacen enemigos. Los hombres-lobo se absolutizan. Se convierten en alfas con jaurías detrás, a su servicio. Frente a esos «absolutistas» de segunda generación (los que sí darían pánico a Hobbes) hubo que esforzarse mucho. Millones murieron por hacer realidad las democracias modernas y mantenerlas frente a las engañosas promesas de fascismo y comunismo. Algunos Estados se transformaron en monarquías renovadas, otros en repúblicas al modo clásico.

Pero a las mejoradas monarquías les esperaba un paso más dramático aun: para sobrevivir a los que no hacen enemigos hay que aceptar vivir sin amigos. Hemos llegado a las monarquías parlamentarias.

En ellas, durante ciertos años, los desgraciados gobernantes (algunos lo hacen de buena fe) dejan de tener amigos a cambio de ser presidentes, primeros ministros, ministros, etc. Son unos años atroces, en los que no saben distinguir amigos de simples aliados. Muchos de ellos pierden a los que tanto les amaban por sí mismos y en sí mismos, para siempre.

Sin embargo, más pronto que tarde espero, vuelven a su normalidad. Cuando ya no son nada —jarrones chinos en el Consejo de Estado— los buenos y verdaderos amigos reaparecen en igualdad.

Pero, Leonor, esto no sucederá con vos hasta que fallezcáis o abdiquéis.

Ese es el tremendo anuncio que os hago. Son tiempos estos de la monarquía en los que si viviera Francisco de Asís, le diría que no renunciara a sus bienes ni a su destino, porque hay gran sacrificio en ser reina. A mí no me gusta llamar a este periodo «reinado», sino «diapsálmata», palabra de origen griego que puede traducirse como «entre salmos». Su vida estará teñida con tan relativa carga (hay otras peores, pero están reservadas a los mejores que vos, curiosamente). Así, su existencia resultará enmarcada entre salmos hermosos: los de coronación y los fúnebres. Con suerte, los salmos de su funeral serán los del *tedeum,* una acción de gracias que puede interpretarse bien o mal. Quiero decir que para unos será dar gracias por su servicio y para otros gracias por su marcha.

SOBRE LOS ARGUMENTOS PARA CONVERTIR A ESCÉPTICOS EN MONÁRQUICOS.

El escritor Rodrigo Cortés imaginó un país donde república y monarquía se alternan pasados unos años. No es tan mala idea. En realidad, la historia española ha mostrado que eso funciona así *de facto*: un corto periodo republicano tras largos periodos monárquicos, en los que el cambio se produce cuando el reinado se ve afectado por una «fractura de fatiga», como cuando los ancianos se rompen la cadera.

Dejad tal caída a la decadencia y a la senilidad y no al referéndum. El referéndum «república-monarquía» no resuelve el principal argumento de los partidarios de este, que sería más o menos como el que aquí se expone:

> La mayoría de la población actual no tuvo oportunidad de votar la Constitución de 1978. Simplemente no habían nacido o eran menores de edad entonces. Pero es que ni siquiera los votantes aquel 6 de diciembre de 1978 tuvieron opción para elegir entre monarquía o república. Se dio ya por hecho, porque el rey de entonces había sido coronado años antes. Fue hurtado, por tanto, ese debate en la llamada Transición democrática. Ni en aquel momento, ni posteriormente, hemos podido decidir.

Es un planteamiento aceptable, aunque ilógico. Ilógico porque se podría aplicar *ad infinitum* y repetir esta demanda de referéndum continuamente cada poco, según incorporasen electores nuevos.

Hay ciertos temas legales que podrían surgir al respecto como, se me ocurre, la remota posibilidad de que un referéndum para dirimir entre ambas formas políticas saliese empate o que el referéndum tuviese una participación tan baja que no fuese significativa, o que se interpretase torticeramente. Tened en cuenta que la última república proclamada lo hizo bajo la falsedad de unas elecciones municipales donde no se reconoció a la mayoría, interpretadas como un plebiscito monarquía-república.

La alternancia reglada de régimen parece una locura. El papel lo aguanta todo. Algunos tratan a los reyes como si debieran merecerse su puesto, quiero decir como si tuvieran que ganarse el puesto por oposición. A menudo son los mismos que opinan que los interinos deben consolidar el puesto tras cierto tiempo. Tranquila, en un concurso de méritos/oposición, Leonor, vos sacaríais el número uno, sin ninguna duda, como vuestro padre Felipe VI.

Vuestra preparación, Leonor, es una razón muy poderosa para convencer a escépticos (a los antimonárquicos no se les convencerá jamás y hay que olvidarse de ellos).

En España, sin embargo, el argumento más fuerte para la monarquía española ha sido probar la república. Las dos repúblicas españolas fueron un desastre (más allá de acabar en desastre) y el empeño de sus defensores en demostrar lo contrario (sobre todo la segunda) es la prueba más clara de ello. Lo más paradójico de «las repúblicas» en España es que acabaron debido al desconcierto «reinante».

Sin embargo, diciendo esto no creo que ningún escéptico de la realeza se convenza aún. Y no me extraña. Es como aquello de Dostoyevski de que «si Dios no existe, todo está permitido». El agnóstico dice: «mejor que todo esté permitido». (El ateo, no. El ateo dice: «que todo esté permitido menos que Dios exista»). ¡Con frases así quién va a convertirse!

Seguimos en el mundo de la imaginación, aplicado a este caso, es como decir «con Franco viviríamos mejor» o «con Azaña España funcionaría». Mientras Franco o Azaña no resuciten —y difícil lo veo— esas afirmaciones son brindis al sol.

Busquemos otras razones para conversos, pero basadas en la realidad, para variar.

Una es que la monarquía pertenece al patrimonio sentimental de algunos países. No es honrado, inteligente ni económico quitar tal bagaje acumulado en una intemerata de siglos. ¿Imagináis a Gran Bretaña sin su monarquía? No hace falta: los Estados Unidos son el experimento de una Gran Bretaña sin reyes, un experimento grandioso de haber seguido mejor las indicaciones de Alexis de Tocqueville, ese genio. ¿Y qué ha pasado? Que no hay presidencia republicana más monárquica en el mundo, más esplendorosa, más esnob (literalmente) que la yanki. Tanto admiran a los reyes europeos que han creado su propia familia real —los Kennedy, con su corte de Camelot incluida— y varias dinastías, como los Roosevelt, los Bush o los Clinton.

Otra razón más: ¿para qué queréis un gato que maúlla si ya tenéis una puerta que chirría? La diferencia entre un presidente de república regular y un rey regular (y, esta es la verdad, casi todos son regulares) es la misma que entre «marítimo» y «náutico». Agua dulce o agua salada, el caso es que flote. Es decir, tan sutil que poco importa. Es tan decisiva como la que hay entre «sobaco» y «axila». Siendo lo mismo, haciendo lo mismo, situados en el mismo sitio, suenan, huelen, a cosas diferentes.

Otra razón más allá si cabe: esa manía que tienen, los que mandan, de decirnos «qué hay que hacer». Es un paternalismo mal entendido. Se parece a lo que yo hago en este escrito con vos, pero elevado a veces a una potencia peligrosa: cuando es obligatorio hacer lo que nos dicen. El «esto es así porque lo digo yo». Pues bien, la monarquía tiene aquí una nueva labor política añadida, la de ser dique de dictadores, como Dios lo era de los reyes absolutos. La monarquía ya no es soberana, no debe servir a la ingeniería social. No es su función la de dirigir un país, sino que no se desvíe. Cambio climático, agendas de futuro, coches a pilas, nuevas éticas igualitarias metidas a calzador… son problemas para que resuelvan otros. Los presidentes republicanos, en la mayoría de países, sí ejercen un papel altamente dirigista. Una diferencia a tener muy en cuenta.

Por cierto: resulta que en España la más alta representación del Estado no es «representante político». Representantes políticos son los diputados, senadores y demás cargos electos democráticamente. Esa es una ventaja inmensa. La reina, Leonor, os lo he dicho por activa y por pasiva: reina, pero no gobierna. Voy a ser más explícito y hasta soez al aclararlo (y donde pongo «reina», puede poner «rey» que no va de género este asunto):

La reina reina, pero no gobierna.
La reina recicla, pero no gobierna.
La reina saca la basura, pero no gobierna.
La reina pasa la ITV, pero no gobierna.
La reina declara impuestos, pero no gobierna.
La reina evacúa, pero no gobierna.
La reina navega, pero no gobierna.
La reina apoquina en el peaje, pero no gobierna.
La reina se presenta a la selectividad, pero no gobierna.
La reina lava pañales y los tiende en el romero, pero no gobierna.
La reina pone la merienda, pero no gobierna.
La reina se apunta al IMSERSO, pero no gobierna.
La reina propone al presidente del Gobierno, pero no gobierna.

Una razón más, y van cuatro, esta basada en Japón. Para el país nipón tener monarquía imperial le salvó de la rendición ante la URSS, que habría acabado con él de manera apocalíptica. Se rindieron los japoneses a los USA, tras dos apocalipsis apocados. Aquellos gringos fueron permisivos conservando la casa imperial. Una rendición incondicional «con esa sola condición». Japón no se rompió. ¿Qué pasó con Alemania? Troceada. No tenía rey, sino república. ¿Es más fácil hacer pervivir un país monárquico que uno republicano? Yo creo que no, pero ahí dejo el dato.

Una última razón, la quinta, para no apabullar. Hace poco cierta *gossip girl* («chica chismosa»), ministra de poca monta y recorrido, declaró a sus correligionarios que veía a la monarquía como «mecanismo para la corrupción». Y añadió:

> Cualquiera puede volver a hacer lo mismo que el emérito. El problema no es quien ostente el cargo, quien sea rey, sino que cualquiera que ostente el cargo puede volver a hacer lo mismo que hizo Juan Carlos I. Ese es el problema compañeros.

[Es divertido el párrafo viniendo de la líder —temporalísima— de un partido que propuso «la transparencia» como prioritaria, pero que en su página web ha hecho desaparecer paulatinamente la información que ofrece de sus representantes (currículum, sueldos y patrimonio) y de sus cuentas como partido. Se jactaban de ser inmaculados como seña de identidad. (Se rumorea que algunos currículos no han desaparecido, sino que no han existido jamás)].

Y he aquí la razón apabullante que viene tras este preámbulo: ¡no se puede aceptar la opinión de nadie cuyo argumento viene de acusar a los hijos de heredar los pecados, errores o crímenes de sus padres! ¡Nadie puede ser acusado de eso, se llame Stalinito, Castrito, Franquito, Gooeblesito o Borboncito! ¿Qué mierda de argumento político es el de trasladarle el argumento teológico del pecado original? ¿En nombre de que dios qué fiel (en euskera) extiende la mancha de la sospecha de la corrupción desde los progenitores hasta la prole? ¿Quién lo hace? ¿Alguien que desea lo mismo para sus hijos, acaso? ¿Hay alguna coherencia en esa opinión «de chichinabo»? ¿Te gustan las películas de gladiadores? ¿Has estado alguna vez en una cárcel turca? Conteste primero a la última pregunta.

Reconozco un valor a la ínclita (en su casa) e ímproba (sin pruebas) exministra (pues del párrafo anterior a este ha dejado de serlo): al menos lo ha dicho dando la cara y no ocultándose tras alguna red social bajo anonimato.

Trato de ser muy claro, Leonor. Usted que tiene formación católica me entenderá si yo me sé explicar. Un hijo sólo debe ser acusado si repite las malas acciones que sus antepasados, no antes. Y ser penado ante hechos probados cometidos por él mismo, no por sus próximos.

Piense en un hijo famoso y de famoso: Jesucristo, hijo de Dios. Cuando se encuentra con ciertos judíos que presumen de ser hijos de Abraham, Jesús les dice que no lo son; que son hijos de su padre porque actúan como sus padres, es decir, hipócritamente (estaban muy cabreados porque no habían podido apedrear a una prostituta debido a la intervención de el de Nazareth).

¿Qué respondieron? «¡Nosotros no somos hijos bastardos; tenemos un solo Padre, que es Dios!». Básicamente le llaman «hijo de puta» a Jesucristo. Feo. Muy feo.

Todo el que llama hijo de puta a otro cree que la condición de puta es voluntaria, mala y, sobre todo, que pasa de madres a hijos. Como, por cierto, lo que dijo la expolítica que antes cité (expolítica porque en este párrafo ya ha dejado la política y se ha colocado en una universidad pública).

Otrosí añado, aunque ya lo dejé caer en un capítulo anterior: los católicos no son partidarios de la monarquía hereditaria *per se.* ¿Por qué? *Per se,* ya lo he dicho: si afirmas que Cristo es rey, desde el día de su nacimiento entre esplendores sagrados, («nació ya en trono de pesebre, murió bajo un cartel que lo proclamaba en varias lenguas, resucitó en poder y gloria, eterno y vivo para siempre*») significa que nunca heredó, nunca abdicará ni cederá su puesto. Es evidente. Uno de los dogmas más fáciles porque así se califica el propio Cristo («Soy rey. Pero mi reino no es de este mundo»).

Sobre «reinos de este mundo» (reinos republicanos también) los católicos pueden opinar como quieran. Ya Juan de Mariana, siguiendo a muchos y seguidos por otros, lo dejaron bien claro.

DEL PALACIO DE LA ZARZUELA COMO REPÚBLICA

Hace años, cierta marca de venta de muebles sueca tenía una promoción de felpudos que mostraban la siguiente frase: «Bienvenidos a la república independiente de mi casa».

Una monarquía constitucional parlamentaria debe reflejar exactamente lo mismo que esos felpudos, es decir, asegurar un régimen político que permita en el ámbito privado (es decir, en la conciencia personal) libertad y respeto, sin inmiscuirse en la vida del ciudadano, salvo que haga daño a otros o a sí mismo.

El siglo XXI y los próximos solo deben aspirar a monarquías así. La única monarquía absoluta que hoy podemos admitir es la vaticana, y porque se parece a aquel rey de *El principito* de Saint-Exupery, soberano único de un miniplaneta sin súbditos. El papa, que dirige un reino al que uno se adhiere por decisión personal y se puede alejar del mismo modo, como corresponde a toda religión que no sea secta. Y, dado que es pontífice cristiano, monarca con altísimos criterios morales (al menos si es fiel a la doctrina original en la que se funda esa fe), lo cual matiza el ejercicio de su poder a prácticas que ya nada tienen que ver con épocas medievales, renacentistas o barrocas.

El resto de monarquías absolutas de este mundo dan miedo, ya sean con rey coronado o con presidente elegido dentro de rojos infiernos de partido único.

El Palacio de La Zarzuela donde habitáis, Leonor, como todo hogar también ha de ser una república. República donde posiblemente mande vuestra madre. Eso lo sabéis vos mejor que yo. De ser así, a vuestra madre, exigiréis —y haréis bien— que se mantenga al margen de vuestros asuntos personales. Que no decida cómo decorar vuestra habitación (incluyendo carteles con citas de Goethe), que no se meta en la forma en que decidís vestiros para los momentos no institucionales y que permanezca al margen de la elección de vuestras amistades y amoríos. Que actúe como vuestra madre que es, ya basta.

Es razonable. Y tomad nota de tales sentimientos vuestros de independencia, porque ser reina de España implicará encontrarse con sentimientos similares, honestos, de los reinos que componen la nación (aunque ahora se llamen autonomías).

DEL APOYO DE LA MONARQUÍA EN EL EJÉRCITO Y ASIMILADOS

En el país de los ciegos, el tuerto es el rey. Una mentira como otra cualquiera, perfectamente rebatible. ¿Es mejor ser el único tuerto que ciego como los demás? No lo creo. Creo incluso que es peor. En España, el ciego es rey. Y resuelto. ¿Resuelto? Ni por asomo.

En España manaba leche y miel. La leche se derramó al romperse los cántaros. Creo que hacia 1808 (un cántaro), en 1898 (otro) y en 1936 (otro más). Vacas flacas, ubres secas. Sin leche buena, pero había todavía muchas laboriosas abejas generando miel, cera, polen, propóleo o jalea real. Las abejas, si metes un palo en su hogar, se defienden. Defienden lo suyo. Y defienden a su reina.

En España, por desgracia, las colmenas son atacadas a veces por avispas. Las avispas son carnívoras. Rodean a la víctima, ardiendo como fuego en las zarzas. Algunas avispas catalanas muerden al oso que come madroños (y no miel, por cierto). Algunas avispas vascas, gallegas, valencianas, andaluzas, leonesas, bercianas, algunas... Tiene que haber avispas, pero no tantas que maten a todas las abejas.

¿Quién defiende a las abejas? Ellas se defienden. Más concretamente, lo hacen las encargadas del asunto, unas pocas, mientras el resto se afana en sus afanes de fanal. No descubro nada: son el ejército y demás fuerzas de seguridad.

¿Una visión demasiado beatífica de lo militar? Sin duda. Esta comparación no despierta unanimidad. Lógico. Según Newton, la fuerza de todas las fuerzas es igual a cero. Por eso la unanimidad en política es sospechosa.

Leonor, vos no debéis cuidaros de electores. Céntrese en llevarse bien con los ejércitos. Y no se conforme con hablar online con las tropas en misiones extranjeras por Navidad o presidir funerales de caídos o desfiles de la Hispanidad.

Si pasáis por la milicia, eso no es cosa mía, Leonor. Pero, sí pasad «con» la milicia al año unos cuantos días. Empapaos de sus valores de sacrificio y entrega, de servicio y lealtad. Y eso solo se hace empapándose de barro y hasta de sangre en la ocasión bélica. O, sin llegar tan lejos, de sudor, montando tiendas o retirando cenizas de un volcán, apagando incendios voraces, evitando inundaciones, rindiendo honores al cadáver solitario de covid, limpiando la Academia de Infantería o vigilando fronteras en un submarino en las profundidades del mar.

No diré mucho más del respeto a las armas. No me gustan las armas. Nunca las he empuñado, excepto la que porto en mi lengua. El ardor guerrero me da ardor de estómago. También me espeluznan los desfiles de ultraperfección rítmica y despliegue de poderío. Y esos acróbatas con maldíbula esculpida (Army Drill team, como llaman en USA a las exhibiciones con fusiles) me incomodan. Siempre creo que se van a sacar un ojo.

Pero me gusta el orden y me gusta la disciplina. Me gustan porque las deseo: yo no soy ordenado ni disciplinado. Tampoco obediente. Tampoco capaz de sacrificar mi vida. ¿Eso me hace odiar al Ejército, a la Guardia Civil, a las diversas policías? Más bien me hace envidiarlas cuando encarnan esos valores.

Es curioso: el nacionalismo catalán iba de pacífico. El vasco, de guerrero. El independentismo catalán se reía del barco de Piolín. Se creían ellos que el lindo gato triste y azul de un referéndum inventado se comería al pobrecito pájaro. ¿No habían visto nunca esos dibujos animados? Mientras hacían bromas, los genios de las maniobras de distracción naval (los que contrataron aquel crucero con la enorme imagen amarilla de un canario) demostraron qué es el poder. El poder no es imponer miedo. El poder no radica en el miedo, porque si tú no tienes miedo yo no tengo poder. El poder radica en todo lo contrario: en confiarse. Algunos pocos catalanes se confiaron. Confiaron ingenuamente en sus simulacros de votación y declaración *interruptus* de independencia. Confiaron en sus estadísticas hechas a la cuenta la vieja. Confiaron en sus políticos (craso error muy habitual). Confiaron en su televisión de univisión, orejeras muy patéticas. Confiaron en que habría un baño de sangre o un baño de multitudes, y se llevaron un baño de realidad.

Salió Felipe VI a hablar. Los partidos constitucionalistas, sólo entonces, se aliaron. Aplicaron el artículo correspondiente, sin apretar el acelerador. Sacaron sólo a Piolín a la calle. No hizo falta más que ese desembarco.

Y se acabó lo que se daba, Silvestre. Prófugo en *Waterloo*, qué peliculón.

En el país de los ciegos, el tuerto es el rey. En España el ciego es rey. Mejor ser ciego que no querer ver.

DEL ESPAÑOL COMO LENGUA PIDGIN

Me ha generado tristeza leer hace poco que el matrimonio de poetas de la Edad de Plata formado por Carmen Conde-Antonio Oliver no se hablaron durante muchos años. Lo más triste es la causa: «porque no nos entendemos. La guerra cambió las lenguas», según confiesa a una amiga de la que fuera primera mujer en ser aceptada en la RAE. ¡Con la de cosas hermosas que se habrían dicho el uno al otro si se hubiesen amado mejor!

¿Cuántos españoles hablan la misma lengua y no se entienden?

¿Necesitamos un idioma común, una lengua *pidgin*? Una lengua *pidgin* es un código simplificado construido con estructuras intuitivas por parte de dos grupos que no cuentan con una lengua común. ¿La necesitamos?

No. Las *pidgin* surgen en tiempos de torres de Babel. En España tenemos el español, que no el castellano. El español no es *pidgin* porque no es simple, pero cumple sobradamente con las características que definió Cervantes en *El Quijote* para el «saber»:

Una lengua que en toda la Berbería y aún en Constantinopla se habla entre cautivos y moros, que ni es morisca, ni castellana, ni de otra nación alguna, sino una mezcla de todas las lenguas, en la cual todos nos entendíamos.

El español no es obra de los castellanos, es de todos sus hablantes. No deben tener miedo quienes lo hablen: al hacerlo no se «castellanizan», ni se rinden ante ningún invasor. Al revés, amplían territorios mentales.

Me resulta algo aburrido, Leonor, tener que poner ejemplos de algo propio de clase de la ESO. Además sé que vos sabéis que el idioma español incluye miles de palabras tomadas de otras lenguas de la península: «Capicúa», del catalán y valenciano «cap y cua», cabeza y cola. «Izquierda», del vasco «esker», «orvallo» del bable y «morriña» del gallego, son quizás mis preferidas.

¿Por qué, como a Carmen y Antonio, la misma lengua puede separar? Por la política, Leonor, por la política. En este caso por «las políticas identitarias» que se han afanado en confundirnos. Lo que sirve para unir (fronteras-puentes-pieles-lenguas-guiones) resulta que también separa. Depende del uso que hagan de ello. Es decir, no depende de la política, sino de los políticos y las políticas.

Para explicarme quiero volver a las lenguas *pidgin*. Resulta que donde las lenguas *pidgin* no fructifican aparecen unos «pseudotraductores» llamados «trujamanes». De hecho, un trujamán era un intérprete que posibilitaba la comunicación oral entre personas de diferentes lenguas, en transacciones comerciales, con un bajo nivel de profesionalidad. (La propia palabra «trujamán» proviene del árabe hispánico «turgumán», y esta viene del arameo, siríaco, hasta llegar al acadio).

Es posible explicar que los políticos que usan torticeramente los asuntos lingüísticos son trujamanes, falsos intérpretes de la realidad y traductores mentirosos del sentimiento de los hablantes de cada lengua.

Para mí la existencia de distintas lenguas —en sí misma— no es un castigo babélico sino una riqueza. Que tal riqueza se mantenga es maravilloso y una auténtica desgracia la extinción de idiomas por la muerte de sus últimos parlantes. Eso no va a pasar en España en ningún caso, incluido el silbo canario, el romaní o el sefardí. Nadie va a prohibir hablar una lengua o un dialecto en este país bajo esta constitución.

El que el español reúna las virtudes de una lengua *pidgin* dentro del Estado es un poderoso argumento contra los que imponen una sola lengua, contra los que acusan de haber sido colonizados (porque las *pidgin* nacen de la necesidad de entenderse) y contra los que persiguen al idioma común obligando a usar el idioma minoritario.

Y una última cosa sobre los que opinan que hay que imponer una lengua para vencer. Los especialistas en invadir fueron los romanos. Roma no pagaba traidores, Roma sí pagaba aliados. De hecho, los pueblos que se opusieron a la civilización romana perdieron su lengua. Los que la mantuvieron, se doblegaron, pero aprendieron el latín como lengua común.[8]

Digamos, pues, que los romanos usaron dos modos de conquista: aplastar y convivir. Todos los pueblos hispanos que mantuvieron sus lenguas originarias (el vasco, por ejemplo) fue porque cedieron inteligentemente ante el poder del imperio. Los que no lo hicieron perecieron dramáticamente.

Sabiendo esto es más fácil distinguir a esos trujamanes, insisto, que se inventan historias sobre lenguas y dialectos sometidas al poder. Que crean ficciones sobre pueblos indomables capaces de mantener su cultura frente al colonizador. Que manipulan las tradiciones milenarias para inventarse neolenguas en su beneficio propio. Que se dedican a hacer inmersiones hasta ahogar la libertad.

---

8 Por cierto, lo de «Roma no paga traidores» se pronunció tras el asesinato por los suyos de Viriato, aquí cerca de Talavera. Es una frase falsa que los romanos usaron para justificar sus trucos inmorales en la guerra. Algo similar a «Los Estados Unidos no negocian con terroristas»; ¿que no negocian? ¡Ya! ¡Y mi culo un futbolín!

DE LOS ARGUMENTOS EN CONTRA DE LA MONARQUÍA ESPAÑOLA ACTUAL

Pensemos por un momento es este mundo sin el impresionante legado griego. Restemos el imponente patrimonio romano. Tratemos de hacernos una idea de cómo actuaríamos sin la dulcísima noticia del Evangelio de Cristo. Cerremos los monasterios. Quitemos las universidades, fruto del esplendoroso medioevo. La invención del mercado. Borremos el humanísimo Renacimiento. Aplastemos la imprenta. Sofoquemos el estallido de ideas del Barroco. La luz ilustrada, oscurezcámosla. Las bondades del constitucionalismo liberal que queden en mero papel mojado. Impidamos la incorporación a la economía del capitalismo. Neguemos la corrección del capitalismo que fue el marxismo...

No es posible cambiar la verdad, pero sí reescribir falazmente la historia. En eso se afanan algunos que quitan el griego o el latín de la enseñanza, los que difaman el cristianismo o llaman «oscura» a la Edad Media, desamortizan, dejan de estudiar con seriedad, regresan a una economía del trueque, tiran las estatuas de grandes viajeros, queman libros (o no los leen), ridiculizan la época de Galileo y de los derechos humanos, pisotean a la razón con supersticiones, dan golpes de Estado, destruyen el tejido económico o convierten una teoría económica en una ideología totalitaria.

Si a la síntesis de todos los valores creados por el ser humano y para el ser humano, a su cultura, la tratan así, ¿qué no harán con la monarquía? A ella les reservan la categoría de «experiencia agonizante», que hay que denigrar de todas las maneras que se les ocurra y de otras formas que aún esperan ser inventadas.

Para la monarquía española han reservado un método valleinclanesco, es decir, deformador. Cierto es que esos críticos no han leído a Valle-Inclán ni lo han entendido. Exagerar implica mostrar más claramente los defectos, pero también las virtudes. Deformar puede ser reformar.

Un experto en arte lo llamaría «anamorfosis». Las imágenes reflejadas cóncavo o convexo en un espejo a veces pasan a ser entendidas y restituidas a su verdadero ser.

Este fenómeno genial lo practican los grandes humoristas. Permitidme, Leonor, que os recomiende una última película. Empecé con *La princesa prometida*. Cierro con *Los caballeros de la mesa cuadrada*.

Se trata de una obra de la filmografía de los Monty Python no tan conocida como *La vida de Brian* de la que ya os hablé, porque la eclipsó. En esa surrealista película artúrica, el rey se encuentra con unos campesinos a los que pregunta por una dirección. Uno de ellos le contesta con argumentos autogestionarios:

– Me opongo a que me trate como a un súbdito

– Es que soy rey.

– ¿Cómo lo consiguió? ¡Explotando a los trabajadores, aferrándose a un dogmatismo imperialista que perpetúa las diferencias económicas y sociales!

Y respecto a la fundamentación de su poder, el campesino plantea lo siguiente:

– Entonces, ¿cómo llegó a ser rey?

– La dama del lago, con el brazo enfundado en brillante seda, sacó una espada del fondo de las aguas significando así la divina providencia...

– Oiga, que a una mujer le dé por repartir espadas mojadas no es base para un sistema de gobierno. El supremo poder ejecutivo deriva de la voluntad de las masas, no de una burda ceremonia acuática. ¡No pretenderá usurpar el poder porque una furcia natatoria le tiró una espada!

– ¡Cállate!

– ¡Ah! ¡La violencia inherente al sistema! Habéis visto la represión, ¿no?

Nada mejor que este diálogo para mostrar las bondades de lo monárquico, con su británico y vitriólico humor. Para mí, todo lo que hace reír es bondadoso, incluso si tiene intenciones dañinas, siempre que lleve firma y responsabilidad (¡pardiez, si me he reído hasta con un monólogo creado para animar a hacerse colonoscopias!). Los anónimos y los seudónimos no valen porque quien teme que se rían de él mismo por sus ocurrencias no se merece nuestra risa.

En este caso, los Monti Phyton firman. Y yo los alabo. Lavo mi boca si no alaba lo que vale. Retorcer las ideas monárquicas y anárquicas, sin distingos, es de grandes. Algunos sólo hacen bromitas de parte. Esos aburren y se les ve la patita.

En una superficie especular se debe reflejar todo. Especular con mostrar sólo los bajos fondos y las aguas menores de la monarquía es lo que más me anima a defenderos, Leonor. Hoy mismo he visto, por casualidad, dos noticias que lo ejemplifican: primero, un programa de televisión (os lo juro) ha mandado a un reportero a buscar restos de orina que una supuesta amiga de vuestro primo Froilán había dejado en el asfalto, tras aliviarse durante una salida nocturna. Segundo, un amargadísimo periódico online privado (pero público según dice contradictoriamente) lleva dedicando cuatro días a la mofa de la felicitación navideña del 2021 en la que aparecéis vos y vuestra familia, con toda clase de retoques de Photoshop sumamente tronchantes y bochornosamente faltos de estilo.

No habrá en ambos casos reportaje sobre la cagada del presentador de ese programa de cotilleos, ni imagen dedicada a bromear sobre la felicitación de la empresa editora del diario citado. Tal descompensación es la que me parece califica a sus autores como «sin gracia». Y os aseguro que, para mí, carecer de gracia es lo más penoso que se puede decir de un ser humano.

DE ESPAÑA COMO EL PAÍS QUE VA HASTA LOS LÍMITES

Los obispos a veces viajan a Roma en visita *ad limina*. Podría traducirse por «ir hasta los umbrales». España es el país que ha ido siempre hasta los límites, un país de circunvaladores del planeta, de locos lanzados a un océano ignoto, de exploradores hasta Tierra del Fuego, hasta ver el Pacífico y navegarlo, hasta alcanzar los nortes y los sures más lejanos.

Un país *ad limina*.

País de jesuitas en China y Japón. De misioneros en todas partes. Todas, desde Groenlandia hasta Etiopía. País de izquierdas y derechas, amplísimo, ancho como Castilla casi. País del Mediterráneo y país Atlántico, sin ninguna duda.

Un país *ad limina*. Muy meritorio este ir al límite, siendo también un país muy limitado. De población escasa y territorio pequeño. Geografía áspera a veces, montañoso, aunque llano, seco y verde a la vez. Lleno de olivos, vides y trigo, pero carente de otras muchas riquezas. En su escudo lo indica con otra expresión latina *plus ultra*. Que no es una aerolínea venezolana, sino un simple lema, ojo. Fue lema muy rimbombante y expresivo, pero hoy adquiere resonancias feas. No por mi bendita Venezuela; por lo de «ultra» lo digo. ¿Más ultras, los españoles? Ya dijimos que de eso nada, salvo por los de siempre. Por muy solemnes que sean, no me gusta hacer banderas de los lemas y aun menos, con ellos, pancartas para la turbamulta. Como frases cortas que definen e inspiran me parece suficiente.

Ir a la luna siendo los USA no tiene tanto mérito. Los viajes dando la vuelta al planeta en su «barco pirata de Playmobil» como hizo el Cook inglés (pronúnciese *cock*) son fáciles de completar una vez Elcano abrió singladura. Batallar por Europa durante unos años, como los alemanes o los franceses, lo hace cualquier aprendiz de dictador; hay que aguantar unos tercios de siglos. España no tiene unos Urales donde agazaparse, ni al General Invierno entre sus mandos. Ni es una multitud de manos, como China, haciendo juguetes para el mundo.

Mucho estrés. Este vivir al límite nos ha pasado factura. Eso siempre sucede así.

Un historiador vasco, Fernando García de Cortázar, dijo: «España es la primera gran civilización que se planteó si lo estaba haciendo bien o mal. Roma no lo hizo nunca». Una frase redonda e incontestable. Vale tanto para la controversia «Sepúlveda-De Las Casas» en Valladolid como para los manifestantes contra el Día de la Hispanidad.

Hay gente que derriba estatuas de Cristóbal Colón. Habría que recordar aquel anuncio de detergentes: «Colón: busque, compare y se encuentra algo mejor, cómprelo».

Es un rollo muy pesado esto de enfrentarse a la leyenda negra. ¡La llaman «negra»! ¡Serán supremacistas! Es difícil no acumular datos que la rebaten, como el total de 172 lenguas repartidas por todo el mundo, desde América hasta Oceanía, codificadas y salvadas de su extinción por misioneros españoles. Como la invención de la lengua de signos, por un español, para sordos. Como la creación de los hospitales psiquiátricos que cuidaban y no machacaban a los locos, en Granada, gracias a Juan de Dios.

Los españoles sí tenían órdenes religiosas que fundaron universidades, bibliotecas, ciudades, hospitales. Los británicos, según recuerda el hispanista John Elliot, habían acabado con esas órdenes durante la reforma. Debido a ello —y a su creencia en la justificación por la fe que implica elitismo— no evangelizaron. Sólo mandaron pastores a atender a sus comunidades propias. Jamás «incluyeron», por mucho que nos vendan a Pocahontas en las películas de Disney. Al revés, los españoles fuimos «inclusivos», en relación con los indios, en la América española. Los británicos, «exclusivos». Ahora se inventan que era por respeto. Expulsaron a los indios, los relegaron, los expulsaron de sus colonias y hasta se disfrazaron de indios para acusarles de ser ladrones de té guardado en las sentinas de un barco, excusa para inventarse una rebelión.

Ni un sólo pavo americano se compartió entre un indio y un colono, seamos serios. Pero, por parte de españoles e indígenas hubo mucho paveo, mucha mezcla. De genocidio nada.

No concedemos ese título a los desmanes de algunos encomenderos. No, en absoluto. Llamadme lo que queráis.

Los británicos perdieron sus conquistas en los nuevos USA, mas dejaron de regalo su fea y exclusivista forma de ser a los primeros estadounidenses. El país de las libertades no lo fue para muchas comunidades indias de carácter nómada y/o guerrero. La solución fue que los americanos nativos les ofrecieron irse con los españoles, que sí los aceptaban en posesiones más al sur. Y estos nativos quisieron abandonar su tierra. Estaban en su derecho, pero les salió bien caro. ¿Tengo que recordar qué les pasó, o vemos alguna película «objetiva» del Oeste?

Acostumbrados como estaban a fingir para generar guerras, los Estados Unidos aprovecharon la explosión del acorazado Maine para declarar la guerra a España y hacerse con el control de Cuba. Está bien probado ya que ninguna mina hizo explotar el barco, sino que implosionó por una acumulación de presión en sus zonas con carbón.

Hablo de Cuba porque esa fue una pérdida sensible del antaño inmenso territorio de la Corona española. Agonizando Franco se produjo la cesión del Sáhara a sus habitantes (siendo de inmediato ocupado por Marruecos). Fue lo último que España perdió. En 2021 creció por el lado de La Palma, un pelín. Estamos por recuperar Gibraltar en breve, que ya está muy maduro el asunto tras el Brexit. Y Puerto Rico está en cola (unos doce, trece a lo sumo, puertorriqueños piden ser «la autonomía asociada número x»). La cosa se ha revertido. ¡Tiembla, Nápoles!

¿Fue Cuba el fin de la esencia de lo español referido a ir a los límites? No lo fue. No tengamos miedo en escribirlo. La interpretación *ad liminar* que hemos hecho no es metáfora del pasado, pero se ha transformado en «ilusión».

Exacto. Ilusión. No va de magia. Va en el sentido que explica, con maestría absoluta, Julián Marías en su cortísimo y esencial *Tratado de la ilusión*. Yo no puedo hacer más que remitirme a esa obra.

Quizás regrese la ilusión un día, como fuera antes. Lo veo difícil y no me importa prácticamente nada si eso sucede o no. Me basta con la que nos quedó; con esa, sobra para el mundo. España tiene que extrapolarse otra vez, de otro modo. Es hora de ser pensadores sin fronteras y ciudadanos cosmopolitas.

Santo Tomás de Aquino, que no es de mi devoción precisamente, escribió que «la piedad se extiende a la patria en cuanto a que es en cierto modo principio de nuestra existencia». Para mí, la patria puede ser cierto principio de existencia, pero no es un fin en sí mismo. Tampoco veo por qué la piedad debe aplicarse de modo especial al lugar donde naciste. León XIII, un papa del XIX, dijo que había que «que querer que la propia nación no sea esclava de nadie». Cierto. Hay que querer eso y querer que ninguna nación sea esclava de nadie. No corrijo al papa, amplío sus miras. Justamente impedir la esclavitud de una nación es lo que explica la creación de la Unión Europea o de la ONU.

En la actualidad hay muchos que han cogido como tema favorito lo del «Nuevo Orden Mundial». Lo de la «gobernanza mundial», es cursi, levanta ampollas y alimenta a nuevos nacionalismos. Por supuesto ningún Gobierno mundial debe ser impuesto. No queremos un Estado planetario si surge para globalizar, uniformizar, explotar o romper tradiciones. Pero, ¿por qué no iba a ser buena una asamblea supranacional que vigile la aplicación de derechos humanos? ¿Por qué desconfiar de las instituciones cuyo ámbito lógico es la Tierra, como las que se dedican a la vigilancia de pandemias, el aviso de catástrofes, el espacio exterior, la navegación marítima y aérea, el comercio internacional, el desarme, la resolución de conflictos…? Muy al contrario, hay que insistir en que esas organizaciones mejoren, sean más representativas de las sensibilidades de todos y puedan actuar con libertad y control, con eficiencia y exigencia de cuentas.

Y aquí, España puede encontrar otro propósito en el mundo: desde su pequeña presencia aportar su enorme acervo cultural. Si hemos vivido tanta experiencia yendo muy lejos, podemos ofrecerla a la humanidad.

España puede dedicarse ahora a ser un país *de profundis* o un país *ad fauces*. Un país capaz de aportar su inmensa mística, profundizando en la unión de las personas y naciones, empezando por su territorio natural, Europa, América y buena parte de África (tenemos a Ceuta, a Melilla y a Canarias ahí, somos africanos también). Apoyado en su idioma común, el gran don compartido. Y, ¿dónde nace un idioma? Entre las gargantas, *ad fauces*. España es un país coral y sabe cantar muy bien a varias voces. A cantar en armonía se puede enseñar a los demás. Llevamos siglos tratando de concordar entre nosotros. Disponemos de los mejores profesores, directores, promotores, impulsores, creadores, improvisadores natos, solistas, descubridores de talento y artistas de la voz.

Yo propongo, Leonor, que su reinado podría construirse sobre estas ideas. Si me pongo a repasar ejemplos de españoles universales no es fácil parar. Pero si me refiero a los que en este instante «engrasan» el mundo con el buen aceite de nuestra bonhomía, hay miles. De invitar a palacio a todos aquellos que fermentan el trigo para dar muy buen pan, no cabrían. Puestos en fila, los que hallan las verdades en el vino bueno (científicas, académicas, magisteriales) unirían Barcelona con Madrid. Mucho más de cuatrocientos kilómetros, con la gorra.

Comprobad si lo dicho es cierto o no.

DE MI ESPERANZA SOBRE VOS, LEONOR

Para que vos veáis cómo lo escrito no oculta maldad, voy a terminar este manual hablando tal cual soy: como un tipo con mucha esperanza. Y tengo mucha esperanza en vos, Leonor. Fíjese si tengo esperanza que yo fundé una biblioteca.

Tanto desparramo que me miran mal por la calle. Se enfadan conmigo en Facebook y me reprenden los parroquianos en el bar. Creen que estoy de broma si me muestro optimista. Me acusan de mentiroso, dado mi carácter irónico, porque afirmo que nos va a ir bien y que no nos va tan mal. Me achacan que apoyo al que está en el poder porque no le pongo verde a fin de que sean los otros los que lo ostenten. La oposición me odia, pero el partido mayoritario no confía en mí.

¿Qué tipo de esperanza es de la que hablo? La que nace de la frase: «cosas peores se han visto». Yo las he visto peores o las he leído, por ejemplo, en libros como *1984* de Orwell (una sociedad basada en el miedo) o en *Un mundo feliz* de Huxley (una sociedad basada en el engaño). Hay distopías utópicas y distopías hechas realidad.

Puede parecer un consuelo barato. No seáis tan rápida en esa apreciación. Si el tiempo de «ahora» fue peor antes, es que «ahora» es mejor. La lógica se impone. Aunque concedo su parte de razón a ese verso manriqueño que con su pie quebrado escribía: «Como a nuestro parecer cualquiera tiempo fue mejor». Lo ya pasado nos va a hacer menos daño que el presente «ahora». Eso significa el verso del poeta.

Mirad, ya no será tan fácil que una sociedad no sepa distinguir la verdad de la mentira. Creedme. Peores cosas se han visto con el nazismo.

Muy difícil veo que nos dejemos hurtar las libertades básicas en el nombre del «Padrecito». Peores cosas se han visto en el comunismo.

Ha habido tantos gobiernos incompetentes que resulta imposible que no valoremos a un político mínimamente competente. Peores cosas se han visto en las crisis de 2011 o en la gestión del pandemónium pandémico.

Nos la han colado ya tantos impostores, que en cuanto nos dejan votar de nuevo los mandamos a donde no manden más. Peores cosas se han visto en esos tiempos en que había presidentes falsarios, ministros sin estudios, directores generales de la Guardia Civil en calzoncillos.

Hemos recibido tantas llamadas de operadoras de telefonía, tantos cantos de sirena, tantos emails haciendo *phishing* que estamos mucho más avispados y sabemos que nadie da «duros a pesetas». Peores cosas se han visto, cuando nos quisieron vender que llevábamos «veinticinco años de paz», tiempos de duros y pesetas con el rostro de Franco.

Ya no hay un sólo ciudadano que se trague lo que se afirma en un mitin, en un programa político, en un pacto de partidos o en un discurso del Estado de la Nación. Votamos sin que eso nos influya. Las campañas electorales duran en exceso. Las estadísticas mienten en un 90 %. Peores cosas se han visto en Bulgaria o en las elecciones americanas recientes.

Ni un sólo docente honrado cambia el contenido de sus enseñanzas porque lo diga una nueva ley educativa. No se adoctrina en la escuela. No se hace entrar la letra con sangre. Ikastolas vascas ya no son madrasas. Ni un sólo hablante olvida su lengua materna por mucha presión lingüística que note. Nadie va a ver una película, un museo, una ciudad, sin informarse antes o sin mirar varias críticas distintas. Peores cosas se han visto en los años de plomo de la ETA, los gobiernos radicales, las checas republicanas o aquella cárcel de Carabanchel de la que quiso escapar Agustín Rueda con vida. Peores cosas se han visto cuando el cine era municipal.

Actualmente estamos mucho mejor formados. El analfabetismo está bajo cifras históricas. Los ciudadanos no se sienten súbditos y saben que la monarquía no está en el ADN ni en la nobleza de sangre, sino en el buen prestigio, entrega y esfuerzo de quien la carga sobre sus hombros. Peores cosas se han visto que llevaron a escribir al maestro que «de diez cabezas, nueve embisten y una piensa». Hubo épocas muy malas con muchos pensionistas del pensamiento. Según las estadísticas más veraces apenas hay jubilados, pues no hay nada por lo que estar jubilosos.

El mallazo de este Estado está bien firme. Yo sé de arquitectura lo suficiente. Buenos cimientos, hormigón romano. Hemos visto tiempos peores en los que los energúmenos empujaban y empujaban para derribarnos. Vimos caer las torres. Vimos volar trenes. Vimos meter bajo tierra aeropuertos, poner bombas en ramos funerarios, tratar a Ortega Lara como a un topo, bajar la muerte por unas Ramblas ensangrentadas, celebrar funerales de madrugada, pabellones de hielo con vidas congeladas. ¡Oh, sí, vimos tiempos peores!

Sólo tengo miedo —no hablo de pesimismo, Leonor— a «lo nunca visto». Si contemplamos estupefactos el holocausto, el gulag, el genocidio ruandés, al ISIS en Siria, a los talibanes, al caníbal africano, Guantánamo, a Pol Pot, la pandemia... ¿qué nos quedará aun por ver? Quiera Dios que no haya nada nuevo bajo el Sol, salvo que sea algo bueno bajo el Sol. Algo bueno y nacido de la sabiduría combinada de tantos, de su coraje, que nos ayude a enfrentarnos calmada y eficazmente a esos miedos que no debemos minusvalorar. Inconcebible. En *La princesa prometida*, la película que me inspiró, el gigantón que va acompañando a un pequeño hombre muy inteligente le echa en cara que emplee constantemente la palabra «inconcebible». «Siempre usas esa palabra. Y no creo que signifique lo que creo que piensas». ¿Hay algo inconcebible? Ojalá no existiera lo inimaginable ni lo indecible. Ojalá hubiese escobillas para limpiar tantas zurraspas de la historia.

No soy de miradas lánguidas propias de anuncio de perfume, ni de poner caritas como cantando villancicos o susurrar al micrófono de solapa como hacen ahora los pésimos actores. Sin embargo, con mucha alegría me gustaría levantar mi copa y brindar para que seamos dignos de estas cosas:

¡Vestir, vestir camisa blanca de mi esperanza, como la España de Blas de Otero, pasando la moda de las camisas negras y las rojas!

¡Abrazar la vida, acariciar la muerte, besar cada asombro, coleccionar puntos cardinales, esculpir la piedra!

¡Cantar, cantar tarareando, sin elegir un idioma salvo el de la simple melodía común!

¡Comer, comer sin restricciones, sin dietas, sin mesura, un alimento bueno, de sacramentos pleno, queso intenso, un pan crujiente, una sobremesa tranquila!

¡Beber, beber hasta saciarse, rioja añejo, agua fresca, zumo recién exprimido, cava cavernoso, jerez de madera noble, cerveza monástica, orujo de Doncel, gloria de Gredos, licores de endrina, de almendras, de bellotas, de eucalipto, de hierbas crecidas en las riberas de ríos y mares!

¡Amar, amar a los ausentes, amar a los presentes, amar a los porvenires!

¡Agradecer, agradecer tanto sufrimiento! ¡Tanto don! ¡Tan pocas facilidades!

¡Perdonar, perdonar! ¡Perdonar!

POSFACIO CON PROPUESTAS VARIAS

VERSOS PARA PRINCESA, AL ESTILO DE DARÍO Y DE MACHADO

Tú eres, princesa, una promesa

y eres humana, aunque princesa.

Y voy hablarte para que elijas,

princesa o humana,

con el mismo cariño que daría a mi hija,

con el mismo respeto que tendría a mi hermana.

En este espacio que cubre la historia

está el palacio de la memoria.

Unos pagan por la visita.

Otros quieren tomarlo, pocos lo habitan.

Todos tratan de heredarlo:

los que pasan, los que ocupan, los que quitan.

Tu *carpe diem* es más pequeño.

Es *carpe instantum, carpe momentum.*

Nunca depende de nuestro empeño,

que del destino nadie es dueño.

Si así lo guía el camino,

princesa, no será este tu sino:

ni compañera en andares

ni reina de nuestros sueños

ni estela para estos mares.

Lo que seas, no lo sé.

Lo que sí eres, princesa,

es un verso de Darío,

el suspiro escapado de la boca de fresa

que es también un verso mío

porque lo tomé de él.

Tengas hijos, o no tengas
siempre hablarán malas lenguas
la prensa de los molinos
con sus piedras aplastantes.
Estos molinos te apresan
sin convertirse en gigantes.

De traidores y sicofantes
sin miedo, digo,
cuídate mucho más
que de fuego amigo.

Poeta, no hay dos Españas.
Hay muchas, Machado. Hay muchas
y todas ellas, Goya, con saña,
y todas ellas en lucha
de garrotazos.
Patriotas y patrioteros,
alegres del mal ajeno
y ajenos de amor primero.

En estas tierras, princesa,

agua buscan los zahoríes.

¿Aquí qué aguas añoran ecuatorianos,

rumanos, marroquíes?

Pues la misma que nos sacia

a nosotros si emigramos.

Sed y sudores, riendas

guiadas por otras manos

y en las manos de otros amos.

Pobrecita princesa de los ojos azules,

Pobrecito exiliado de estos días azules.

Presos ambos en oro que es el sol de la infancia.

Han perdido la risa y han perdido color.

Haz que sean hipsípilas en cuernos de abundancia,

abundante en dolores

y en amor de Leonor.

Te sentirás acorralada, poema de Felipe VI a su hija, al modo de Palabras para Julia de José Agustín Goytisolo

Tú no te puedes volver atrás
(como el Atlético en Lisboa)
por nuestra estirpe determinada
y terminable.

Te sentirás acorralada,
te sentirás vendida o sola
tal vez querrás no haber nacido
la primera
y con mis genes.
Creo que yo recordaré
aquellos días que reiné
y no pensé en ti y no pensé
como ahora pienso.

La vida es bella. Ya verás,
como a pesar de aduladores,
tendrás aliados, tendrás peña, tendrás fieles
y algún amigo.

Un hombre solo, una mujer,
Aun sí son reyes,
en el día a día,
así tomados de uno en uno,
son como todos, no son nada,
«jamía»,
no son nadie.

Entonces siempre acuérdate
sobre quién un día reinarás
sin pensar en ti, sin pensar en ti,
aunque ahora nadie piensa que tú
eres sólo una mujer,
si te toman de una en una.

Unos esperan que resistas,
que les ayuden tus contactos
que les ayude tu influencia
entre influyentes.

Nunca te entregues a cortesanos, ni te apartes
demasiado del trono. Nunca digas
«no me voy» ni «aquí me quedo»
ni «aquí os dejo».

El día malo, acuérdate
de que mereces ser feliz.
Y piensa en ti, y piensa en ti,
como ahora pienso.

Aunque eres bella, ya verás
como a pesar de los pesados
con decepción o sin la Champions,
tendrás amor.

No sé decirte nada más
pero tu debes comprender
que no soy el rey de Europa.
Sólo, tu padre.

Pero tú siempre acuérdate
del buen partido que yo soñé
pensando en ti, pensando en ti,
como ahora pienso
en el Atlético de Simeone.

Canción *Princesa*, deconstruida, al modo republicano de Sabina y con la música de la canción homónima del mismo cantante

No drama and no jokes,
entre tomas y dacas va tu vida, princesa.
Con tu bandera gualda
en lugar de camisa
blanca, que yo veo turquesa.
Cómo no imaginarte,
cómo no recordarte hace apenas dos años,
cuando en Gales, princesa, regalabas sorpresas
estudiando en la escuela cara de desengaños.

Ahora es demasiado tarde, princesa.
Búscate otro reino al que le agrades, princesa.

Podría ser Perú
el lugar en que tú y yo empezar un futuro.
Españoles muy hartos de los que sólo sale:
«Harpo, otros dos huevos duros».
Ya no te tienen miedo, nena,
Como sí lo tuvieron un día a vuestro padre.
Muchos no se atrevieron a dar la vida entera
aunque al Borbón quisieran ver haciendo el equipaje.

Ahora es demasiado tarde, princesa
De ciudades y perros déjame que cante, princesa.

Tú que sembraste dudas
cuando vimos desnudas tus fotos de *instagramer*.
Sex and drugs, simplemente,
no pegan con la suerte de herederas reales.
Dispuesta la condena
no van a perdonarte ese pecado infame.
Ya no vas a ser reina.
Permíteme, limeña, si te has vuelto plebeya
déjame que te ame.

Ahora es demasiado tarde, princesa,
salen callos en tus finas manos burguesas, mira.
Con pólvora del rey tiraste, princesa.

Discreto encanto del trabajo de empresa.

Has besado al sapo. Salió rana, princesa.

(*Ad libitum*. Al buen «tum tum»).

Apellido sin corona qué poquito interesa.

Mismos perros y collares, princesa,

De palacio, rebajas a un salón de belleza.

En lugar de sonrisa, pon sardónica mueca.

Y los cortes con que tatúas tus muñecas.

En parte somos juez y parte de fresa.

Busca otra forma de hacerte daño, princesa

con las movidas de un maldito gurú, empieza.

Las leyes del silencio oscuro se besan.

Hay farmacias con cirrosis en Grecia

en islas de moda y sobredosis de *jet lag*.

Número siete, melancolía, Zarzuela.

Tirso, morriña, Sol y Gran Vía, tu tierra.

(¿Dónde queda tu oficina para irte a buscar?).

Te podrán quitar corona. Tu porte, no.

La frente muy alta, la lengua muy larga y la falda escocesa.

Canción *Un mundo ideal*, para dulces princesas Disney-Pixar, con música de Aladdín y letra de Lenin

«Salvo el poder, todo es ilusión», Lenin.

No te debes casar
con aquel que no quieras.
Ven, oh Rusia,
y deja a tu corazón soñar.
Yo te quiero volver
soviética y enamorada
sobre alfombra de flores.
Zapatitos de cristal.

Un mundo ideal
sin monarquía medieval,
princesa has de ser

del pueblo que
ya no será del pueblo tonta más.

Un mundo ideal,
casa con globos y volar
hasta unas cataratas,
un paraíso,
donde poner un piso
y descansar.

Fabulosa visión
sentimiento divino,
Putin o Rasputín,
lo mismo da,
será fantástico
volvérselos a encontrar.

Todo es ilusión,
Lenin dijo a los niños.
Tirano se volvió.
No es fantasía
ser los hijos de un zar.

Yo te puedo mostrar
fosas maravillosas,

matanza de Anastasias,
y el zarévich Nicolás.

Un mundo ideal
bien vale todo lo demás
salvo el poder,
por el poder,
con el poder
matar.

Un mundo ideal
sin monarquía medieval,
derecho de pernada
es restaurado
ahora se practica
por *web cam*.

Que nadie diga «niet» o «¿a dónde ir?»
Aquellos que no aman
este mundo ideal
no verán la claridad.
Tan deslumbrante y nuevo,
que ahora en un mundo ideal estoy.
Un mundo ideal y su final crepuscular.

Baja y sube (carro alado)

y vuela hacia celestial región.

un mundo ideal (Platón fue republicano)

allí mil cosas voy a ver (en la caverna son ficción)

soy como estrella roja que se va

y nunca será URSS, ya, otra vez.

Un mundo ideal (KGB es sorpresa),

un horizonte nuevo abrir (que Solzhenitsyn relató)

en una Siberia sin fin, hasta el confín,

juntos, tren a Sajalín, tú y yo.

Un gulag ideal.

Un gulag ideal.

Que compartir.

Que superar.

Que recordar.

Que contemplar

tú junto a mí.

Rap de Leonor, (base rítmica de Valtònyc, dj residente belga)

Eh, eh.

Tengamos calma.

Up and down.

Ni barbie ni princesa.

Ni puta ni doncella, sólo mujer,

pero mujer real,

mujer pública,

y real, real.

Ni musa ni ilusa.

Ni ministra ni menesterosa,

ni espinoso ni espinosa

de las monteros.

Eh, eh.

Eh, tú, cacho republicano,

alfa macho,

ni Borbona, ni cabrona,

respétame, porque soy mujer

y porque soy persona.

Pero mujer real

en mi real persona.

Parte recitativa:

¿A quién le importa lo que yo haga? ¿A quién le importa lo
que yo diga?

Yo soy real y así seguiré, nunca cambiaré.

¿Por qué respetas lo que otras sean? ¿Por qué a mí no?

¿Por qué te empeñas en que soy fea? ¿Por qué me dices, «vete
a la sombra, Borbón»?

Me tratas mal, ¿a qué número llamo? ¿Hay un 016 contra
republicanos?

¿Un número que no deje huellas, las huellas con que tu odio
trata a las princesas?

Hablas de una libertad que sólo vale para tu gusto.

Hablas de que ojalá alguna revolución me diera un susto.

Me tratas mal, me juzgas mal, me mal interpretas.

¿Acaso mi sangre azul no es sangre? ¿Acaso debo quedarme
quieta

mientras escupes en mi retrato o pisoteas mi bandera?

Eh, eh,

tengamos calma.

Eh, eh,
No tengo miedo
matas mi cuerpo
pero no el alma.
Up and down.
Ni segunda ni tercera
república.
Sigue soñando,
es gratis. Yo lo valgo. Sólo mujer,
pero mujer real.
Eh, tú, humorista,
ni papas ni mamadas,
si hablas de mi madre
la boca te lavas
y la boca cerrada.

Sex and drugs.
Ni tirana ni ladrona.
Ni del régimen ni a régimen, sólo mujer,
pero mujer real.
Eh, tú, macho alfa,
estoy hasta el moño
y la coleta alta,
ni novata ni analfabeta.
Ni mi tía es tonta, ni Froilán un «chuleta».

(Normales, nada del otro jueves)

Y sí. Vivo en palacio, en Zarzuela.

que es hogar real.

Peor Galapagar

y mucho peor pagar

al que okupa por pegar

la patada a una reina.

Eh, eh,

tengamos calma.

Eh, eh,

Up and Down.

Fast,

Slow.

It's my show.

Not yours.

No te pones en mi *skin*

No tienes mis *skills.*

SAVE AND PROTECT. (ROCK A LO ROLLING STONES, NOMBRADOS SIRES, CAMINO DE SER TAN VIEJOS COMO SU SATÁNICA MAJESTAD LA REINA ISABEL II DEL REINO UNIDO)

Save the queen.

Bringing our soldiers back home! that's an order!

¡Eh, cuida un lugar. Cuida un hombre. Cuida el mundo. Cuida la humanidad!

Protege tu casa. Protege tu familia. Protege tu Estado. Protege tu verdad.

Protege a tu reina.

Hey, take care of a place! Take care of a man! Take care of the world! Take care of humanity! Protect your home. Protect your family. Protect your State. Protect your truth.

Take no prisioners! that's an order!

Sin hacer prisioneros. Haceos caballeros.

Haceos del Imperio.

El lado oscuro. *Dark Side.* Jedis.

Silencio, sin hacer ruido, mírale cara a cara, agacha, calcula, recarga. Apunta, dispara, acierta, remata, escupe, escapa, deja la tierra quemada.

Silence, without making noise, look at him face to face, bend down, calculate, recharge, Aim, shoot, hit, finish, spit, escape, leave the scorched earth.

Don't tread on me! That's an order!

No me pises, raíces de hierbajos están sobre mi cara, mi tumba está bajo esta placa. No me pises. ¿Sabes qué pasa? La boca de un muerto no reclama, no se queja, no come, no gasta... ¡No hagas prisioneros! ¡Ahorra!

Don't step on me, weed roots are on my face, my grave is under this plate. Don't step on me. You know what's up. The mouth of a dead does not claim, does not complain, does not eat, does not spend... Do not take prisoners! Save!

Save the queen, oh God. No te la lleves. Que sea eterna.

Ahórrate una reina, oh Dios. *Do not take it. Make him eternal.*

Bolero Su Majestad escoja

Aun no sé,
por qué nos conocimos.
«Yo soy Leonor», «Y yo Ignacio».
«Llego tarde a mi hotel»
—proseguimos—
«Y yo tarde a palacio».
«Compartamos el taxi
y, de paso, la vida».
«¡Qué rápida!».
«¿Lo prefieres despacio?».
Fue así.
Así como lo canto.
Yo aun no sé
cómo siendo tan tímida
te atreviste a tanto.

Yo no sabía

lo mucho que esperabas

conocer a un muchacho

sin ser un buen partido.

¿Y si me hubiera ido

andando la Gran Vía

a bajar por Princesa?

Seguir la ruta esa

hasta el bar de la Cava

donde me llaman «Nacho».

Yo no sabía

que si bebía el lingotazo

de tus ojos, así terminaría:

sería rey y reinaría

de tu brazo.

Yo no sabré

que has visto en mí

excepto mi ignorancia.

Ni supe cómo hacer

para igualar la rancia

estirpe de tu abolengo.

Y nadie sabrá qué tengo

—aunque te tenga a ti—

ni estaré a tu altura,

siquiera si me subo
en pedestal de escultura.
¿Sabremos comulgar
cintura con cintura?
¿A qué sabrán nuestras bocas?
¿Cómo sabrá —quién sabe—
si juntamos tu realeza tan bella
con mi lengua plebeya?
¿Tú crees que cabe
en tu alma coronada
tanto poco y tan pocas
cosas (tan pocas como nada)
que guardo para ella?
Sólo sé que conmigo
haremos un gran dúo
—no solamente en cama—.
Y mi promesa es
amarte tal cual se ama:
a pie de igualdad.
No: «Tú, primera dama».
Tampoco yo: «Un amigo».
Poner a los enemigos
de estrado (de Estado) de tus pies.

Aun no lo sé,
Su Majestad escoja.

Aun no lo sé
pero siempre he sabido
que sabré
a una mezcla de sangre
azul y roja.

BONUS TRACK, ÚLTIMA CANCIÓN

HER MAJESTY DE THE BEATLES, PERO ALTERADA HASTA PARECER UNA CANCIÓN SEFARDÍ, EN SEMILADINO, PARA QUE NADA BRITÁNICO ECLIPSE LO HISPANO

Su Majestad es chica de *agora*.
Las muchachas de *agora*
queren a sus boyes
sin barba y sin mostacho.

Las muchachas de *agora*
no queren maratonianos
que *los queren* bien veloces.
Antes de que desposen
ya cobran amores.

Su Majestad no toma sastre al contado.

Ella tiene mucho que decir. Ella manda.

Su Majestad demanda demasiado.

No acepta pago por perder virginidad.

Quizás, Su Majestad,

no llegue al tálamo en tal estado.

Ni mete a profesores que le enseñen.

Ni «merkaderes» deseando «merkado».

Su Majestad rechaza incluso al cirujano

que retocó sus estéticas sin facturarlo.

Su Majestad no acepta novios bobos,

novios torpes, novios bastos.

Algún día la haré mía, oh sí,

me hará suyo, exigente Majestad.

Algún día seré un *beatle* o un escarabajo.

Algún día lo haremos

debajo de un roble vasco, oh sí, debajo.

lo haremos «eskanciando en la boka»,

lo haremos yendo a Santiago.

Algún día, cederá, Su Majestad,

algún día cederemos,

y sobre Montjuic lo haremos,

tras la Puerta de Alcalá, miralá, miralá,

sobre bordados de Lagartera

algún día no resistiremos.

Algún día, romperé su cerrazón,

su «korazón abriré», Su Majestad,

Ante la Alhambra, oh sí,

y frente a Gibraltar, *ouh yeah*,

en la Albufera, mi hermosa,

mirando a «Kuenka», una luna de miel

despetalando rosas.

Juego de ordenador: Primigenior

Una experiencia inmersiva en la que el jugador pasa de progenitor en progenitor, de primogenitor a primogenitor hasta el primigenio primogénito. Luchas intestinas. Laberintos sin salida genética. Dragones, leones, águilas, caballos rampantes, osos, cisnes... Habrá que ir deshaciendo coaliciones, devolver reinos a su independencia, desasaltar cunas, desforjar lazos de sangre y espadas de acero. Dirigir huestes en dirección opuesta a las batallas, huir de *paparazzis*, disfrazarse con *skins*, compartir lechos, saltar por ventanucos, rodearse de devotos dispuestos a dar su vida (reglas de ajedrez), atravesar abismos colosales entre el Palacio Real y la Almudena.

En su variedad multijugador, se divide entre perseguidores y perseguidos. Los perseguidores usan todo tipo de armas, como la mentira, la exageración, la traición, el sarcasmo, el insulto, la violencia verbal o física, escraches, revistas del corazón y programas de televisión basura, manipulaciones, reformas educativas y argumentos razonables. Los perseguidos se defienden únicamente con las constituciones, la jefatura de las Fuerzas Armadas, la tradición multisecular y un periódico con sede en la calle Serrano (no disponible a veces). Eso en las primeras pantallas, siglo XX y XIX.

Las siguientes temporadas se complican. Ahí se va poco a poco a la búsqueda del cigoto primero fecundado por el primer espermatozoide que abrirá la línea dinástica. Puede escogerse la línea de nivel profesional (la que lleva a don Pelayo), la experta (que sigue lista de los reyes godos hasta el primer rey, Valía, ambientada en Toledo, sobre todo) o la ultra exigente (con raíces mitológicas tartesas, iberas y vacceas). Hay una versión amateur breve, llamada de Saboya, y otra más avanzada, aunque va retrasado su lanzamiento, de corte Carlista.

La partida se pierde con la partida del rey. La partida se reanuda con el retorno del mismo. (Ventas en el interior).

HAY CENSURA

Empecé este librito hablando de unos humoristas que se metían con vos. Si ha llegado hasta aquí habrá notado que yo no rechazo ningún humor, incluido el ácido y el sarcástico, incluso el de mal gusto. Solo el que no me hace reír y por razones obvias, ya que no es humor, esto es la mofa y la befa. Sobre las injurias a la Corona tendríamos mucho que pensar y espero que valga mi palabra para asegurar que mi intención nunca iría por injuriar, ni a vos ni a nadie, incluidos los huidos a Bélgica. Si la justicia, caprichosa, intentara calificar mi actitud de ese modo, yo estaré triste, pero no seré cobarde como ellos. Lo que me pregunto es qué incita al cómico a hacer broma sobre ciertos temas: la discapacidad, el sufrimiento o la monarquía, por citar algunos ejemplos clásicos.

La monarquía ha adquirido matices interesantes ya que, existiendo, me permite escribir sin censura estos textos míos que dicen cosas buenas pero no se ahorran las malas. ¿Me lo permite o es que no puede no permitírmelo? Si ha dejado de tener poder para censurar qué excelente noticia para la institución. Ejercer el poder como servicio es la más maravillosa de las posibilidades políticas.

Pido disculpas por haber hablado de suicidio o de Eva Sanunn. Me han reprochado el uso de la expresión «dar por culo». Han considerado inadecuado recordar algunos episodios relacionados con su abuelo. He escrito palabrotas. He insinuado demasiado, se me ha visto la patita, el muslamen, las corvas, los michelines y el plumero. No me juzgan bien los supuestos catalanistas. Apenas dispongo de algún adepto entre vascos que peinan canas al viento. Entre monárquicos casposos, tardofranquistas, reaccionarios y personas de buen criterio, pero de la época de Carracuca, ya ni te cuento. No excluyo ver mi esquela en un periódico o mi nombre en sección de tribunales en telediarios y lo que rondaré, morena.

Yo no he empleado este tono para que me lean, sino porque soy así y he tratado de mostrarme sincero y transparente ante vos, Leonor. Aquellos atacan la monarquía para lograr sus objetivos independentistas; quiere decirse que la consideran significativa. Ya que no hay mayor aprecio que hacer desprecio, si bien lo pensamos.

De verdad os lo digo, Leonor: yo la quiero tanto que no espero nada de vos. Me basta como es o como vaya a estar. Su capital no es Macondo con su «realismo mágico». Es Madrid, con su «habitual realismo». Por mi lado, el aprecio es confeso. Los objetivos no, pues ni yo mismo los conozco. Darme a conocer no es razón, porque más que darme a conocer con este libro lo que hago es ofrecerme como diana. Como Diana, acercarse a lo monárquico, pero separarse luego, te deja en tierra de nadie. Lo sé. Lo asumo. Lo merezco. Yo me voy a estampar contra un pilar, o dos. Estoy seguro.

En 2011, un columnista de un pequeño diario manchego —llamado Diego Peris el columnista— escribía: «Si Maquiavelo viviese en La Mancha, en este siglo XXI, escribiría de nuevo *La Princesa*». Sin saberlo, se dirigía a mí. Y yo lo tuve claro. Claro, que yo soy de Castilla y no llego a maquiavélico. Pero diez años más tarde —cuando, Leonor, ya habéis sazonado y razonado suficiente— algo de aquel deseo he hecho realidad. ¡Ay, madre, a mí que no me gusta la vida pública ni chocar con nadie! ¿Quién me mandaría meterme en estos fregaos!

Y todo por amar Talavera. Por homenajear a Mariana. Por airear a Talavera y por amar a Mariana por mar y aire. Porque nadie diga que ayudé a organizar un congreso sobre él sin aportar un escrito a sus actas. He aquí mi escrito, escaso de nivel académico para ser recogido. Sobrado de razones para ser escrito. Con razones muy serias para no haberlo hecho.

Aspiro a desbrozar este bosque que oculta la posteridad.

Hay censura, censura hay. Y la agradezco. *Motu proprio* eliminé y destruí un capítulo espeluznante titulado «De las enfermedades que conviene a una reina». De muy mal gusto y sin gracia alguna eso de repasar con sorna sufrimientos que ningún mortal puede evitar tener. Olvidado queda. El resto de lo escrito inapropiado me resistía a lanzarlo al fuego y he convencido al editor para que me deje indicar dónde iba y que el lector avisado juzgue si se hizo bien o no al censurarlo:

Se censuran estos párrafos por uso de lenguaje chocante, pues se mezclan palabras como «ETA», «puta», «Dios», «víctima», «culleum y cul» —que juntas dan grima— y se omite «Urdangarín», por la peregrina idea del autor de que una vez se paga por un delito no hay por qué regodearse. El texto censurado dice:

DE SUS NOVIOS, SI LOS HAY

Al margen la ley, concededme Leonor, que los españoles son los más tolerantes del mundo, capaces de justificaros y protegeros si os consideran excluida de la corona por estar prisionera de su corazón. Mientras la vean a vos como víctima de una injusticia así todo irá bien, porque —por una cualidad moral muy nuestra— arropamos a las personas que van a la contra en esto de amar, incluidos presos de ETA alejados de sus casas, presos catalanes o filósofos «preso-cráticos». Encontraremos acertadas razones para empatizar. Acertadas digo, porque siempre serán apropiadas la misericordia, la compasión y la indulgencia.

Del mismo modo tenemos esa noble preocupación hacia otros presos que ha habido. Su tío, Leonor, estuvo preso en Ávila. «O todos hijos de Dios o todos hijos de puta», según expresión de Gamonal, aquí cerca de Talavera. «Se ha pasado al usar esa expresión soez», pensareis. Tenéis razón, no es ecuánime meter a todos en el mismo saco. ¿Sabéis para qué se metía a la gente en sacos? Para dar por saco, en efecto. Castigo romano llamado en latín «culleum», es decir, introducir a un desgraciado en una pieza de cuero de cierre estanco junto a gallos con espolones, ratas, serpientes, escorpiones u otros animales de mucho miedo. (Yo os digo que se encierra a muchos en la cárcel, como si todos mereciesen la misma pena igualadora, un *cul du sac* para asesinos y tramposos, sin apenas grados. La justicia lo dicta así —aunque sea dictada en nombre de su padre— porque los legisladores son eyaculadores precoces de derecho penal. Funcionan a espasmos motivados por espantos. Estaremos de acuerdo en que uno no merece el mismo castigo por no respetar el ayuno eucarístico, que por matar de hambre a Ucrania).

DE LAS DISCRIMINATORIAS NORMAS DE SUCESIÓN EN ESPAÑA

Sobre leyes que permiten cambio de sexo legal a demanda:
«Quizás le parezca algo extremo. Le parece porque lo es (y eso que no hemos propuesto la transexualidad, que eso sí traería cola). Si el sueño de la razón produce monstruos, no quiera usted saber qué monstruosidades produce el sueño de la sinrazón ideológica. Ideologías como la que dormita en los chalets del feminismo despendolado, el feminismo vengativo, el feminismo que trata de ajustar cuentas con el machismo usando sus mismas armas, al que nunca llamaré feminazismo, pues se mezclan churras con merinas. Femimachistas mejor, que, sin embargo, detestan que haya mujeres en el ejército, en la Iglesia,

en la Corona, en la Guardia Civil… consideradas instituciones a extinguir y erradicar de cuajo. Id a pedir «sororidad» a mujeres que presumen de practicarla, pedidla a unas monjas, por ejemplo. No quieren ver a «sores» ni en «Sister Act», ni apoyar mujeres reinas que no se hayan cortado un pecho como las amazonas. Quien ama por zonas al ser humano, lo despedaza. Hay una última crítica que os harán, Leonor. Se meterán con vos por ser reina y mujer, precisamente las mismas que vocean el «MeToo» y del «yo sí te creo, hermana». Las luchadoras de lucha libre contra el maltrato no cesarán de maltrataros mientras seáis princesa. Amagarán sin dar quienes insistieron, bien insistido, en que levantar la mano era igual a violencia doméstica. Y cuando reinéis, tratarán de violar en manada vuestros derechos dinásticos, desearán que os quedéis abandonada en un descampado exilio y tratarán de que no abortéis su intento de echaros del puesto.

Es triste que la característica que más odio del machismo, el gregarismo cazador, sea la meta que ciertos y ciertas feministas luchan por imponer a sus seguidores. Tratan de recolectar votos en los colectores, no en los arroyos y sus campos silvestres henchidos de primaveras de mayo. Vuestras quince primaveras, Leonor, las usarían ellos para dar puerta al sol y hacer entrar la oscuridad.

Ya veis que no he sido nada complaciente, pero es porque tratar así a una mujer lo consideran paternalismo, con toda razón. Y algo de razón tienen, no lo voy a negar. ¡Qué rabia nos da a los que apostamos en serio por una sociedad sin distingos y sin aplanaciones! Es una oportunidad perdida que no podemos permitirnos».

DE SI, YA QUE HAY QUE ELIMINAR AL TIRANO, CON QUÉ VENENO HACERLO

Nos referíamos al separatista Francesc Macià. Quisimos poner «mariconez». (¿Censurar «mariconez» no es una mariconez? Que se lo digan a Mecano).

DE SI SOIS RESPONSABLE DE LO HECHO POR SUS PREDECESORES O DE SI AL JURAR COMO REINA SE HACE BORBÓN Y CUENTA NUEVA

Sobre la Ley de Memoria Histórica se ha censurado este párrafo, por infringir la citada ley:

«Fue lamentable aquella norma franquista de 9 de febrero de 1939, llamada Ley de Responsabilidades Políticas que sancionaba delitos "retroactivamente" en su artículo primero, contrariando el principio básico del Derecho de la irretroactividad penal desfavorable. Dicha ley tiene la sorprendente virtud de ser clara heredera de otra ley, pero de la II República (Ley de Orden Público), esa misma república que luego quiso el franquismo derogar, y que derogó, de hecho, excepto por esa norma lamentable. Y lamentable, por contumaz, es aprobar una Ley de Memoria Histórica en 2007 (y otra de Memoria Democrática después en 2022) cayendo en el mismo atropello legal que la II República y el franquismo.

En vez de abolir se renacen delitos, se recrean y se castigan. Se hacen pagar penas a familias de autores de ciertos hechos, se castiga lo que no iba contra la ley en el momento de suceder, se fustiga a diestro y ya. Todo ello disfrazado de restauración (nada que ver con el evidente derecho a ser sacado de las fosas comunes y ser enterrado con honor). Sobre la mentira de una justicia, el ajuste de cuentas. La vergonzosa actitud de querer ganar una guerra civil como si las guerras civiles las ganase alguien y no las perdiésemos todos (yo haciendo amigos, ya ve).

¿Cuándo entenderemos que su relación con el nazismo no anula las virtudes artísticas de Leni Riefenstahl o las de Leopold Weninger, el que versionó la Marcha Radetzky? ¿Consideramos a Wagner un belicista peligroso? ¿Terminamos de destruir las pocas estatuas que quedaron de Arno Breker tras la guerra? ¿De qué modo mirar las películas prosoviéticas de Einsenstein, el de El acorazado Potemkin, sino con admiración por sus innovaciones cruciales y sus ideas revolucionarias? ¿Dejar de oír al estalinista Prokofiev avisar Pedro que viene el lobo? Yo no. ¿A qué Shostakovich censuramos, al que quería componer la Sinfonía Lenin y compuso Salve a Stalin, al que trataba de salvar su pellejo, al genial de la Novena Sinfonía, al enormísimo de la décima? ¿Quemamos los cuadros patrióticos del genial Mylnikov? ¿Retiramos el Nobel al maravilloso Neruda por su Oda a Stalin? ¿Sigo?

Vaya caca de cultura la que prescinde de lo religioso por ser atea, de lo ateo por ser religioso. ¿Qué talibanes derribarán la impresionante cruz del Valle de los Caídos con sus esculturas de Juan de Ávalos? ¿Los mismos cenutrios que hicieron volar a los Budas de Bāmiyān?

Vaya caca de cultura la que reprime, la que obliga a esconder obras en la gaveta, la que califica de arte degenerado lo que le apetece no apetecer, prohíbe por formalista, rechaza por impropio, cubre los desnudos, tapa con el ruido de un secador, un aspirador y un cortacésped el silencio de la paz. Lo repito, vaya caca de cultura la que se asusta de hasta de un simple y evocadora "mierda de artista". Apesta».

Esto es todo, Leonor. Como se dice en Talavera, «taluego».

Propuestas culturales para Leonor

Biblioteca

AA. VV. *Actas del I Congreso Internacional Actualidad del Padre Juan de Mariana*. Talavera de la Reina.

AA. VV. *Eclesiastés*.

AA. VV. *Salmos bíblicos*.

Alvar Ezquerra, Alfredo. *Espejos de príncipes y avisos a princesas: La educación palaciega de la Casa de Austria*.

Arden, Paul. *Usted puede ser lo bueno que quiera ser*.

Aristóteles. *Ética a Nicómaco y Política*.

Beard, Mary. *Doce césares*.

Bécquer, Gustavo Adolfo. *Rimas*.

Bergamín, José. *Antes de ayer y pasado mañana*.

Bodino, Juan. *Los seis libros de la república*.

Camus, Albert. *El mito de Sísifo*.

Celaya, Gabriel. *Cantos iberos*.

Cernuda, Luis. *La voz a ti debida*.

Chaves Nogales, Manuel. *La agonía de Francia*.

Conde duque de Olivares. *Memorial secreto preparado por Olivares para Felipe IV*.

Constant, Benjamin. *Principios de política aplicables a todos los gobiernos*.

Constitución española de 1812 (+Ley para abolir la Inquisición española)

Constitución española de 1978 (+Ley de Memoria Histórica 2007)

Cortés, Rodrigo. *Los años extraordinarios.*

Darío, Rubén. *Azul.*

De Aquino, Tomás. *Suma Teológica. Parte II.*

De Cervantes, Miguel. *El Quijote.*

De las Casas, Bartolomé. *De Monarquía.*

De Mariana, Juan. *De rege et regis institutione.*

De Otero, Blas. *Pido la paz y la palabra.*

De Tocqueville, Alexis. *La democracia en América.*

Don Juan Manuel. *El conde Lucanor.*

Dostoyevski, Fiodor. *Los demonios.*

Elliot, John. *La España imperial.*

Escohotado, Antonio. *Caos y orden.*

García Calvo, Agustín. *Canciones y soliloquios.*

García de Cortázar, Fernando. *Y cuando digo España.*

García Lorca, Federico. *Carta a José Bergamín.*

García Márquez, Gabriel. *Cien años de soledad.*

Gila. *El libro rojo de Gila.*

Giner de los Ríos, Francisco. *La educación moral.*

Goethe, Johann Wolfgang. *Fausto.*

González García, José María. *La diosa Fortuna.*

—. *Metamorfosis de una metáfora política.*

Goytisolo, José Agustín. *Palabras para Julia.*

Graves, Robert. *Teseo en Creta.*

Herrero y Rodríguez de Miñón, Miguel. *El principio monárquico.*

Huxley, Aldous. *Un mundo feliz.*

Johnson, Samuel. *El patriota.*

Junger, Ernst. *La tijera.*

Kant, Inmanuel. *Crítica de la razón práctica.*

—. *La paz perpetua.*

Kolobos, Lazarus. *Los derechos de las piedras.*

León XIII. *Encíclica Sapientiae christianae.*

Lope de Vega, Félix. *Rimas de Tomás de Burguillos.*

Machado, Antonio. *Proverbios y cantares.*

—. *Campos de Castilla.*

Manrique, Jorge. *Coplas a la muerte de mi padre.*

Maquiavelo, Nicolás. *El príncipe.*

Marco Aurelio. *Meditaciones.*

María Loynaz, Dulce. *Jardín.*

Marías, Julián. *Tratado de la ilusión.*

Martín Retortillo, Lorenzo. *Libertad religiosa y orden público, un estudio de Jurisprudencia.*

Michel de, Montaigne. *Ensayos.*

Neruda, Pablo. *Veinte poemas de amor y una canción desesperada.*

Noel, Charles C. *La etiqueta borgoñona en la corte de España* (1547-1800).

Ortega y Gasset, José. *España invertebrada.*

—. *Meditaciones del Quijote.*

—. *La rebelión de las masas.*

Orwell, George. *1984.*

Panero, Leopoldo. *Escrito a cada instante.*

Peraldus, Guillermo. *Sobre la educación de los príncipes.*

Perthes, Justus. *Almanaque de Gotha.*

Pimentel, Juan. *Los fantasmas de la ciencia española.*

Platón. *La República.*

Reyero, Francisco. *Y Bernardo de Gálvez entró en Washington.*

Saint-Exupery, Antoine. *El Principito.*

San Juan Evangelista *et al. Apocalipsis.*

Sánchez Albornoz, Claudio. *El aula regia y las asambleas políticas de los godos.*

Shakespeare, William. *El rey Lear.*

—. *Enrique V.*

—. *Macbeth.*

—. *Noche de Reyes.*

—. *Ricardo II.*

Sun Tzu. *El arte de la guerra.*

Umbral, Francisco. *Mortal y rosa.*

Unamuno, Miguel. *Carta a un catedrático argentino.*

—. *Vida de don Quijote y Sancho.*

Wiesenthal, Mauricio. *Hispanibundia.*

AUDIOTECA

Amaral. *Cómo hablar.*

Andión, Patxi. *Amor primero.*

Bizet, Georges. *Carmen.*

Camacho, Hilario. *Volar es para pájaros.*

Casal, Pau. *El cant del ocells.*

Fauré, Gabriel. *Pavana op. 50.*

Flack, Roberta. *Killing me Softly.*

Gabaráin, Cesáreo. *La muerte no es el final.*

Guerrero, Jacinto. *La rosa del azafrán.*

Ibáñez, Paco. *Palabras para Julia.*

La Mosca Tse-Tse. *Para no verte más.*

Labordeta, José Antonio. *Somos.*

Llach, Lluís. *L'estaca.*

Popular. *Los peces en el río.*

Prada, Amancio. *Libre te quiero.*

Prokofiev, Sergei. *Pedro y el lobo.*

Sabina, Joaquín. *Princesa.*

—. *Telespañolito.*

Schubert, Franz. *8.ª sinfonía, la Inconclusa.*

Serrat, Joan Manuel. *Uno de aquellos.*

Shostakóvich, Dmitri. *10.º sinfonía.*

Shostakóvich, Dmitri. *9.ª sinfonía.*

—. *Salve a Stalin.*

Simone, Nina. *Strange Fruit.*

Ska-P. *El vals del obrero.*

Strauss, Johann. *Marcha Radetzky.*

The Beatles. *Her Majesty.*

Valtònyc. *Al rey Borbó.*

—. *España 0 goma 2.*

Otros músicos citados: Alejandro Sanz, Maná, Mecano, Joselito, Ara Malikian, Luis Eduardo Aute, Isabel Pantoja, Lola Flores, Rocío Jurado y Carmen Sevilla.

VIDEOTECA

Abrahams, Jim; Zucker, David; Zucker, Jerry. *Aterriza como puedas.*

Almodóvar, Pedro. *Carne trémula.*

—. *Entre tinieblas.*

—. *Hable con ella.*

—. *La mala educación.*

—. *La piel que habito.*

—. *Madres paralelas.*

—. *Mujeres al borde de un ataque de nervios.*

—. *Pepi, Lucy, Bom y otras chicas del montón.*

—. *Todo sobre mi madre.*

Anderson, Wes. *Isla de perros.*

Ardolino, Emile. *Sister Act.*

Buñuel, Luis. *El perro andaluz.*

Bush, Jared; Howard, Byron; Castro Smith, Charise. *Encanto.*

Buzzel, Edward. *Los hermanos Marx en el Oeste.*

Condon, Bill. *La bella y la bestia.*

Coogler, Ryan. *Black Panther*.

Cukor, George. *My Fair Lady*.

Gilliam, Terry; Jones, Terry. *Los caballeros de la mesa cuadrada*.

Jackson, Peter. *El señor de los anillos* (trilogía).

Jiménez, Goyo. *Los americanos* (monólogo).

Keighley, William. *El príncipe y el mendigo*.

Landis, John. *El príncipe de Zamunda*.

Lucas, George. *La guerra de las galaxias* (I a IX).

Michell, Roger. *Notting Hill*.

Raimi, Sam. *Spider-Man*.

Reiner, Rob. *La princesa prometida*.

Segoviano, Enrique; Gómez Bolaños, Roberto. *El chavo del ocho*.

Sonnenfeld, Barry. *Men in Black*.

Tricicle. *Palace*.

PINACOTECA

Goya, Franciso. *Duelo a garrotazos*.

—. *La gallina ciega*.

—. *Autorretrato ante su caballete*.

Da Vinci, Leonardo. *La dama con armiño*.

Dalí, Salvador. *El ensueño del príncipe*.

Patinir, Joachim. *El paso de la laguna Estigia*.

También la obra escultórica de Eduardo Chillida (*Peine de los vientos*), de Juan de Ávalos (Conjunto escultórico del Valle de los Caídos), Budas de Bāmiyān, los vestidos de Balenciaga, Oteiza (fachada de Arantzazu), las series litográficas de Andy Warhol, las obras en Cracovia de Jacek Malczewski y la cerámica de Talavera de la Reina. La arquitectónica de Gaudí, la de Sáenz de Oiza (Santuario de Arantzazu).